Le mie ricette
南イタリア 季節のレシピ

アドリアーナの簡単料理

Testo di Adriana Vallone
アドリアーナ・ヴァッローネ

A mia madre,
per avermi trasmesso con il suo esempio
la passione per la buona cucina

東京書籍

はじめに

　はじめまして。南イタリアのカンパーニャ州プレセンツァーノ村出身のアドリアーナ・ヴァッローネです。現在は、「La mia Italia」というイタリア家庭料理教室を、都内2ケ所で開催しています。

　大学の卒業旅行で初めて日本を訪れ、日本での楽しかった思い出が忘れられず、再び来日して東京に暮らすようになり、今年で15年目。料理教室を始めて10年目になります。

　当時の日本では、イタリア料理はシェフが作ったものをレストランで食べるもの、とされていました。「もっと手軽に本物のイタリア料理を楽しんでいただきたい！」「冷蔵庫にある食材を使って、手軽においしく作れるイタリア家庭料理の魅力を伝えたい！」。そんな思いで始めた料理教室は少しずつクチコミで広がり、現在は140名以上の生徒さんが毎月通われるほどになりました（料理教室を始めたきっかけは、p5で詳しくご覧ください）。

　料理教室で、日々日本人の生徒さんと接している中で、時々驚かされることがありました。例えば、「野菜を炒めるときには必要以上にかきまぜない」「鶏肉を蒸すときには、お湯の中にローリエを入れる」などなど、これまで当たり前だと思っていたことが、日本では全く知られていなかったのです。これこそ、私が育ったプレセンツァーノのスローな食文化の中で育まれた食の知恵そのものでした。

　プレセンツァーノは、ナポリから約60キロも離れた田舎街。都会のように何でも手に入らない土地だったからこそ、季節の食材を使った季節感を大事にした食生活があり、同時に、旬の食材を保存し、長く楽しむための知恵がありました。そんな私が育った南イタリアの食文化を、イタリア家庭料理の基本とともにまとめたい！　そうして完成したのがこの一冊です。

　この本を作るにあたり、どんなレシピ本だと日本のみなさんにイタリア料理を親しみやすく感じてもらえるだろうかと考えました。私は、和食が好きで料理本をいくつも持っているのですが、日本人の家庭にあって当たり前の材料については記載なく、イタリア人の私はよく買い忘れてしまうことがありました。そんな外国人ならではの経験から、イタリア料理の基本やベースとなる材料について細かくまとめたページを作りたいと思いつきました。

　この本では、日本のスーパーで手軽に手に入る野菜を中心に、素材のよさを最大限に生かす南イタリア家庭料理のレシピを、春夏秋冬の季節ごとにまとめました。季節ごとに、前菜、パスタ、メイン、ドルチェを12品ずつ紹介しています。レシピは、料理が苦手な方からプロの方まで、誰でも簡単に20〜30分で作れる手軽なものばかり！　素材が揃わないときに代用できる材料もポイントで細かくのせています。

また今回は、写真を多く掲載することにもこだわりました。使う材料が一目でわかるように材料の集合写真を掲載。さらに、作る途中のプロセスカットも細かく撮影し、写真を目で見て作り方がわかるようなレシピ本を目指しました。

　レシピのほかにも、イタリア料理を作るのに必要な食材リストや基本的な調理法などもまとめました。素材や料理に合わせて切り方や炒め方を変えるだけでよりおいしく食べられるということを、みなさんの食卓でもぜひ試してみてください。

　また、トマトソース、ホワイトソース、バジリコペーストなど、イタリア料理でよく使われる「基本レシピ」も保存法とともにまとめました。どれも時間のあるときに作って保存しておけば、いつでも手軽にイタリア料理が楽しめますので、少しずつ揃えていってみてはいかがでしょうか？

　長く通われている生徒さんの中には、「レストランで食べるよりも、家で食べる方がおいしい」と家族に太鼓判を押されている方もいるようです。この本を読めば、あなたもどこのレストランよりおいしいイタリア家庭料理を作れるようになりますよ！

　野菜たっぷりの季節のイタリア家庭料理で、みなさんの毎日の食卓が、より豊かなものになることを願っています。

料理教室を開くことになったきっかけ

　私が日本に初めてきたのは、今から15年前。イタリアから1万キロ以上も離れた日本という国に興味を持ったきっかけは、美術でした。ローマの美術大学でゴッホの研究をしているうちに、ゴッホが影響を受けた北斎についても学ぶようになり、日本が気になりはじめたのです。大学の卒業旅行で初来日し、数ヶ月間ホームステイをしてイタリアに戻ったのですが、日本での楽しかった思い出が忘れられず、再び来日し、東京で暮らし始めました。

　日本語学校に通いながら、生活費を稼ぐためにイタリアレストランでアルバイトをしていたのですが、そこでのエピソードが私の人生を変えることになるとは思ってもいませんでした。

　私は、イタリア語で注文を取り、できあがった料理を運ぶホール係をしていました。ある日、オーダーが入ったカルボナーラを目にしたとき、大きな衝撃を受けたのです。生クリームがたっぷり入ったソースはお皿に並々と注がれていて、まるでスープスパゲッティのよう。パンチェッタの代わりに、カリカリに焼かれた薄いベーコンが入っていました。

　本場イタリアのカルボナーラは、卵黄とチーズとこしょうを使ったソースで、生クリームはほとんど使いません。私は、すぐに「これは、カルボナーラではない！」と、レシピを変更するように店長に掛け合いました。しかし、「日本人はこれがカルボナーラだと思っているので、クレームになっては困る」という理由で聞き入れてもらえなかったのです。
　注意深くみてみると、ほかにもイタリアで口にしていた料理とはかけ離れたものがイタリア料理として日本では食べられていました。

　「本当の味を知れば、本物の方がおいしいとわかるはず！　私が本場イタリア家庭料理のおいしさを伝えていくしかない！」

　そう思うようになって程なく、まわりの友だちに出張形式で料理教室を開くようになったのでした。料理学校に通ったこともない私ですが、小さい頃、キッチンで半分遊びながら、半分怒られながらマンマやおばあちゃんに習った料理の知識が、今になってこんなにも役立つとは（笑）！

　そんなきっかけを私にくれた「カルボナーラ」のレシピも、今回しっかりご紹介していますので、ぜひチェックしてみてくださいね（p110を参照）。

Indice

- はじめに　　　　　　　　　　　　　　　　　　　2
- 料理教室を開くことになったきっかけ　　　　　　5

alcuni trucchi in cucina
知っておくと便利な料理のコツ

パプリカのオーブン焼き	12
パプリカの切り方	12
ナスの切り方	13
ズッキーニの切り方	13
鶏むね肉の切り方	14
レモンの保存方法	14
骨付き鶏もも肉の切り方	15
ニンニクの保存方法	15
ハーブの保存方法	16
万能ネギ(erba cipollina エルバチポリーナ)の保存方法	16
塩漬けケッパーの使い方	16
トマトの皮のむき方	17
マイタケの下準備	17
料理がもっとおいしくなる！ イタリア流調理法	18
基本の材料	20

cucina di base
基本料理

トマトソース	24
野菜スープ	26
バジリコペースト	28
ホワイトソース	30
ナスのマリネ	32
パプリカのマリネ	34
グリーンピースの付け合わせ	36
リコッタチーズ	38
タルト生地	40
カスタードクリーム	42

primavera
春のレシピ

● コラム　チーズ	46
ホウレンソウパイ	48
ズッキーニとパンチェッタのパスタ	50
芽キャベツのパスタ	52
菜の花のパスタ（プーリア風のパスタ）	54
ソラマメとスナップエンドウのパスタ　*おまけのレシピ*	56
3種の緑の野菜のリゾット	58
カポナータ	60
菜の花の炒め物	62
ジャガイモのオムレツ	64
ワインビネガーとハーブのチキン	66
アーモンドのチキン	68
フルーツのタルト	70
ココナッツのタルト	72

estate
夏のレシピ

● コラム　トマト	76
パプリカのサラダ	78
冷製パスタ	80
ペペロンチーノ	82
ライスサラダ	84
レモンのリゾット	86
ペペロナータ	88
ポペレッラ風ズッキーニ炒め	90
ハンバーグレモン風味	92
ピッツァヨーラ	94
めかじきとパプリカの白ワイン煮込み	96
パンナコッタ	98
チョコプリン	100

autunno
秋のレシピ

● コラム　オリーブオイル	104
ミックスグリルナス巻き	106
サーモンソースのパスタ	108
カルボナーラ	110
パプリカソースのパスタ	112
スパゲッティのオムレツ	114
生トマトとマイタケの炒め	116
ナスのグラタン（パルミジャーナ）	118
サルシッチャとブロッコリーの白ワイン煮込み	120
鶏肉のビール煮	122
牛肉のキノコ巻き	124
黒鯛とジャガイモのオーブン焼き	126
リコッタチーズとチョコレートのケーキ	128

inverno
冬のレシピ

● コラム　パスタ	132
タコのサラダ	134
ミネストローネ	136
アマトリチャーナ	138
ミートボールのスパゲッティ	140
プッタネスカ（娼婦風スパゲッティ）	142
カリフラーワのグラタン	144
ナスの炒めもの	146
チキンのカツレツ	148
イタリアンハンバーグ	150
野菜とマルサラ風味のスカロッピーネ	152
鱈とジャガイモのオーブン焼き	154
チョコレートとアーモンドのビスケット	156
● おわりに	158

知っておくと
便利な料理のコツ

alcuni trucchi in cucina

alcuni trucchi in cucina
知っておくと便利な料理のコツ

パプリカのオーブン焼き

● 丸ごとオーブンで焼く

パプリカを丸ごと180℃のオーブンに入れます。10分ごとに向きを変え、皮が黒く焦げてしんなりとするまで30分程焼きます。焼き上がったら、すぐビニール袋に入れます。冷めたら種を取って皮をむきます。ラップに包んで冷凍も可能です。

パプリカの切り方

● 1cm幅で切った場合は、白いわたをきれいに取って茹でてサラダに使ったり（p78を参照）、ペペロナータ（p88を参照）、魚の煮込み料理（p96を参照）に使います。

● 2cm角に切った場合は、カポナータ（p60を参照）やマリネ（p34を参照）、ライスサラダ（p84を参照）に使います。

ナスの切り方

料理の仕方やレシピに合わせて切り方を変えます。ナスは油を吸いやすいので、切ったあと調理する前に必ず15分ほど水につけることで油の吸収を抑え、油っぽくならずに仕上げることができます。

- 横にスライスする場合は、へたを落として、5mm厚に均等に切ります。グラタンやマリネなどに使います。

- 2cm角で切った場合は、カポナータ（p60を参照）やナスの炒め物（p146を参照）などに使います。

ズッキーニの切り方

料理の仕方やレシピに合わせて切り方を変えます。

- 横にスライスする場合は、へたを落として、1cm厚に均等に切ります。グラタンやマリネなどに使います。

- 2cm角で切った場合は、カポナータ（p60を参照）やミネストローネ（p136を参照）、3種の緑の野菜のリゾット（p58を参照）などに使います。

- せん切りにした場合は、サラダとして生でも食べられます。

- 輪切りにした場合は、ポペレッラ風ズッキーニ炒め（p90を参照）、ズッキーニとパンチェッタのパスタ（p50を参照）などに使います。

知っておくと便利な料理のコツ

alcuni trucchi in cucina

鶏むね肉の切り方

鶏むね肉の皮をはがし、手でしっかり押さえて厚みを調節しながら2枚におろします。

鶏むね肉のスライスは、チキンのカツレツ（p148を参照）やアーモンドのチキン（p68を参照）に使います。横スライスにすることで、パサつかず、おいしく食べることができます。切り方をひとつ変えるだけで食感が変わるので、試してみてください。きっと鶏むね肉を買うペースが増えるはず！

レモンの保存方法

フレッシュなレモンを常備するのは難しいので、皮を削り、レモン汁を搾ってそれぞれ保存容器に入れて冷凍しておけば、風味を損なうことなくレモンを保存しておくことができます。ハンバーグレモン風味（p92を参照）、レモンのリゾット（p86を参照）、タルト生地（p40を参照）に使えます。

骨付き鶏もも肉の切り方

骨付き鶏もも肉を食べやすい大きさに切り分けるには、関節の位置を確認して、骨と骨の間に包丁を入れると簡単に切ることができます。

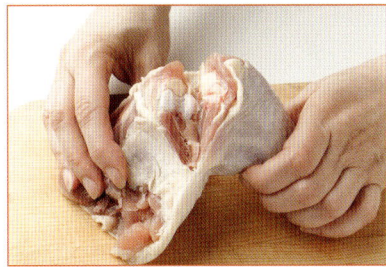

※鶏肉の臭みを消すには、ローリエの葉を2〜3枚入れた水に鶏肉を30分くらい浸してから調理するとおいしくいただけます。

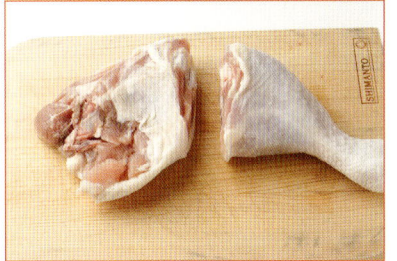

ニンニクの保存方法

ニンニクは、房からはずしてバラにして、水に30分ほどつけると皮がしっとりしてむきやすくなります。皮をむいて、丸ごと、または厚くスライスして瓶や保存容器に入れて冷凍すると新鮮な状態のまま保存できますし、料理の際に皮をむく手間も省けます。

知っておくと便利な料理のコツ
alcuni trucchi in cucina

ハーブの保存方法

買って使い切れなかったイタリアンパセリ、セージ、ローズマリー、バジリコなどは冷凍保存が可能です。一度、洗って水分をしっかりふいてから、保存容器の中に入れて保存しておき、使う分だけ解凍します。イタリアンパセリは、キレイに洗って水分をふき、みじん切りにしてから冷凍すると使いやすいです。

万能ネギ（erba cipollina エルバ チポリーナ）の保存方法

万能ネギを3〜4mm幅で輪切りにします。ペーパータオルの上にのせ、ペーパータオルの4つの角を中央に持ち上げて1つにまとめ、輪ゴムでとめます。棚や冷蔵庫の上など部屋の高い場所に1〜2週間置いて乾燥させます。乾燥したら瓶に移してドライハーブとして使います。グリーンピースの付け合わせ（p36を参照）、レモンのリゾット（p86を参照）などに使えます。

塩漬けケッパーの使い方

まわりの塩を洗い落とし、1カップの水に入れて20分ほど塩抜きしてから使います。
手に入らなかったら、酢漬けのものでもよいです。

トマトの皮のむき方

へたの部分を取ってフォークをさし、直接火にかけて焼きます。トマトの皮がはがれてきたら、手でむきます。焼くことで、トマトの甘みが凝縮されるので、ひと手間ですが、サラダなどに入れるときに試してみてください。

マイタケの下準備

マイタケはアクが強いので、沸騰した塩水で10秒ほど茹でてから使います。
ひと手間ですが、茹でることで食感もよくなり、料理の色もキレイに仕上がります。

alcuni trucchi in cucina
知っておくと便利な料理のコツ

料理がもっとおいしくなる！
イタリア流調理法

蒸す
蒸し料理は、食材のうまみや栄養を損なうことなくぎゅっと凝縮させることができ、素材そのものの味を楽しめる調理法です。ほとんどの野菜（ニンジン、ジャガイモ、芽キャベツ、ズッキーニ、ブロッコリー、カリフラワー、インゲン、ソラマメなど）は蒸すことができます。私の実家では、ふたと鍋の間にフォークを挟んで、蒸気の通り道をつくりながら蒸すとおいしくできる、とおばあちゃんに教えてもらったものです。チキンを蒸すときには、お湯の中にローリエの葉を入れると独特の臭みを消すことができます。試してみてください。

揚げる
イタリアでは揚げ油は保存せず、使い捨てが基本。そのため、一回で使用する油は少量（フライパンに約1cm程度）でよく、揚げるときに素材の上半分が油の外に出ていても問題ありません。いつも新鮮な油を使うので、体にもお財布にもやさしいのです。チキンのカツレツ（p148を参照）、ポテト、ナス、ズッキーニなどを揚げるときに試してみてください。

茹でる
イタリアでは、パスタや野菜などをおいしく茹でる方法として、「1、10、100のルール」があります。1000ccの水に塩10gを入れて、パスタ（または野菜）100gを茹でます。塩は、お湯が沸騰してから入れ、できればミネラルが豊富で甘みのある海塩を使うのがおすすめです。

＜おいしいパスタの茹で方＞
沸騰した塩水にパスタを入れ、再び沸騰してからタイマーをセット。茹で時間は、「袋に書かれている茹で時間マイナス2分」が基本です。パスタは、ざるにあげたあと水をパラパラかけてしめます（かけすぎないように注意）。その後も余熱で火が通っていくので、食卓に並ぶときにちょうどよい硬さになります。

焼く
イタリアでは、生肉に塩はしません。水分と一緒に肉のうまみが出てしまうのを防ぐためです。肉を焼くときには、すぐにひっくり返すのではなく、肉に火が通り、肉のまわりの色が変わってくるまでじっと待ち、ひっくり返してから、火の通った面に塩をして味を調えます。

炒める

野菜を炒めるときは必ず弱火で炒めます。へらなどでずっとかきまぜ続ける必要はありません。タマネギやズッキーニ、パプリカなどを炒める場合は、まず全体に油をなじませてからフライパンの中央に野菜をひと山にまとめ、しばらく放っておきます。そうすることで、野菜から出る水分でじっくりと蒸し焼きにするので、野菜の甘みをしっかり引き出すことができます。野菜の形くずれや、パプリカの場合は薄皮がはがれるのを防ぐこともできます。

＜タマネギが焦げてしまうという方は…＞
全体に油をなじませたあと、少量の水を入れると焦げる心配なく、長時間炒めることができます。

オーブンの使い方

オーブンはイタリアのキッチンには欠かせないもの。イタリアでは、日本ほど電子レンジが普及していないので、調理だけでなく、料理を温めるときにも使います。来客時やパーティ時など品数を多く準備しなければならないときには、「下準備さえしておけば、あとは焼くだけでOK!」のオーブン料理が大活躍します。オーブンの使い方をマスターすれば、料理がずっと楽になりますよ。

＜料理で使うときの注意点＞
オーブンは予熱で温めておきますが、早めに入れてしまっても大丈夫。オーブン中段を使います。

生の食材を焼くときは、必ずアルミホイルで密封し、野菜、パスタ、肉料理の場合は180℃で40分以上、魚料理の場合は180℃で30分以上蒸し焼きにします。食材にしっかり火が通ったら、アルミホイルを外して、最後に焼き色をつけていきます（約5〜10分）。

ラザニアやナスのグラタンなどあらかじめ火の通った食材を焼くときや、電子レンジの代わりに料理を温めるときには、アルミホイルで密封し、200℃で20分ほど焼きます。

＜ドルチェを焼くときの注意点＞
予熱でオーブンをしっかり温めてから使います。ケーキとタルト（中に具が入っているもの）の場合はオーブン下段を使い170℃で約35分、ビスケットやタルト台の場合はオーブン中段を使い170℃で約20分焼きます。タルトやビスケットを焼くときに、オーブンのコンベクション機能を使うと、よりカリッと焼き上がります。
※温度や時間は、お使いのオーブンに合わせて調節してください。

alcuni trucchi in cucina
知っておくと便利な料理のコツ

基本の材料

この本で紹介しているレシピで使う材料リストです。

ストックできるものがほとんどなので、少しずつ集めていきましょう。

イタリア料理に欠かせない食材

オリーブオイル（エキストラバージンオイル）

パスタ（ペンネ、フジリ、マカロニなど数種類）

パルミジャーノ（粉チーズはNG。ペコリーノチーズもあると便利）

ニンニク（皮をむいて冷凍可）

トマト水煮缶

レモン（皮と汁それぞれ冷凍可）

辛口白ワイン（料理用）※マルサラ酒、ベルモットもあるとよい

生クリーム（植物性がおすすめ）

イタリアンパセリ（みじん切り冷凍可）

バジリコ（葉を取り、冷凍可）

セージ（葉を取り、冷凍可）

ローズマリー（枝ごと冷凍可）

ケッパー（塩漬けがおすすめ）

松の実（冷凍可・3ヶ月程度）

モッツァレラ（スライスして冷凍可）

パンチェッタ（5mmスライスにして冷凍可）

ハム

オリーブ（黒）

板ゼラチン

冷凍グリーンピース

アーモンド

乾燥万能ネギ（p16を参照）

海塩（食塩でも可）

在庫が切れてないかチェック！

小麦粉

砂糖

卵

牛乳

タマネギ

ジャガイモ

唐辛子

バター

冷凍パイシート

ワインビネガー

ブラックチョコレート

パン粉

ビール

基本の料理

Cucina di base

基本料理 cucina di base

トマトソース

材料 （800cc：8〜10人分）

オリーブオイル	50cc
タマネギ（みじん切り）	1個
ニンニク（厚くスライス）	1片
トマト水煮缶	2缶
塩・こしょう	各少々
水	300cc

作り方

1. 鍋にオリーブオイルとタマネギ、ニンニクを入れ、弱火で炒める。
2. ニンニクの香りが出て、タマネギが透き通ってきたら、トマト水煮缶と水を加えて約40分、中弱火で煮込む。
3. 塩・こしょうで味を調え、さらに20分煮込む。

ポイント

- 少し辛めのソースに仕上げたい場合には、タマネギ、ニンニクと同時に唐辛子を入れてもよいです。
- トマト水煮缶を入れる前に、肉（シチュー用の豚肉、または牛肉など）や野菜（ナスやズッキーニ、パプリカなど）を入れて炒めると、また違った味のトマトソースが楽しめます。
- そのままパスタと和えてパルミジャーノをかけて食べてもよいですし、ナスのグラタンやラザニアなどの料理にソースとして使います。
- ラザニアなどのオーブン料理に使う場合には、ニンニクを取り出してミキサーにかけてなめらかにします。
- 最低1時間は煮込まないと甘みが出ないので、多めに作って冷凍保存するのがおすすめ。冷凍する際には、冷凍用保存袋に使いやすい量（約200cc）で小分けにして、平らにして冷凍すると、解凍も早くて便利です。

基本料理　cucina di base

野菜スープ

材料　(750cc分)

(a) みじん切り

セロリ（葉の部分も使う）	2本(200g)
ニンニク	1片
タマネギ	1個
イタリアンパセリ	1パック
バジリコ	1パック
セージ	1/2パック
ローズマリー	1/2パック

(b) 1cm角に切る

ニンジン	1～2本
トマト	中1個
ズッキーニ	1本
オリーブオイル	大さじ1
白ワイン	50cc
塩	200g

作り方

1. 鍋に、(a)の野菜と、(b)の野菜を順に重ね、オリーブオイル、白ワイン、塩を入れる。ふたをして弱火で1時間以上煮込む。混ぜないでそのまま放置する。
2. 野菜から汁が出てスープのようになってきたら、ふたを外して、弱火のままさらに20分以上煮込む。水分が少なくなってきたらミキサーにかける。水分が多い場合には、ふたを少しずらしてさらに煮込む。
3. 殺菌消毒した瓶に熱い状態で入れ、ふたをして逆さにして冷ます。

ポイント

- ミキサーにかけたあと、火にかけるとはねやすいので気をつける。
- 量が多ければ多いほど、おいしく作れます。
- 冷蔵で1～2ヶ月、冷凍の場合は約半年はもちます。
- 大さじ1を水1000ccで薄めて使います。味が足りないときに塩の代わりにちょっと入れるとよいです。
- リゾット(p58, p86を参照)やスープ、煮込み料理(p122を参照)などいろいろな料理に使えます。
- ミネラルをたくさん含む海塩を使うと、より深い味わいに仕上がります。

Dado vegetale

基本料理　*cucina di base*

バジリコペースト

材料（4〜5人分）

バジリコ	2パック
ニンニク	1片
松の実	30g
クルミ	1個
オリーブオイル	大さじ5
塩、コショウ	各少々
パルミジャーノ	大さじ1〜2

作り方

1. バジリコは葉を茎から取ってしっかり洗い、ペーパータオルなどで水をふく。
2. ハンドミキサーの容器にすべての材料を入れ、ペーストにする。

ポイント

- バジリコは熱に弱く、すぐに色が変わってしまうので、手早くミキサーにかけます。
- パスタに和えたり、オリーブオイルでのばして蒸し野菜のドレッシングとして使ったりもできます。
- 容器に移して表面を平らにしたら、少量のオリーブオイルをかけてふたをすることで酸化を防ぐことができます。
- 冷蔵庫で2〜3日、冷凍した場合には1ヶ月もちます。

Pesto

基本料理　cucina di base

ホワイトソース

材料　(350cc分)

バター	30g
小麦粉	30g
牛乳	400cc
ナツメグ・塩・こしょう	各少々

作り方

1. 鍋にバターを入れて火にかけ、バターが溶けたら火から外して小麦粉を入れて混ぜる。
2. 温めた牛乳の1/4の量を入れて混ぜる。
3. 再度火にかけ、とろみがついてきたら火から外して素早く混ぜる。もう一度火にかけ…を牛乳がなくなるまで繰り返す。
4. 最後に、ナツメグ・塩・こしょうで味を調える。

ポイント

- 鍋の底の方でとろみがついてきたら、火から外します。
- グラタン(p144を参照)やラザニアに使えます。
- 多めに作って冷凍しておけば、使いたいときにすぐ使えて便利です。
- 冷凍で約1ヶ月もちます。
- 解凍して使うときには、鍋に50ccの牛乳と一緒に入れ、泡立て器で手早く混ぜながら弱火にかけてから使います。

Besciamella

基本料理　cucina di base

ナスのマリネ

材料　(4～5人分)

ナス	5本
ニンニク（薄くスライス）	2片
唐辛子（輪切り）	1本
オリーブオイル	200cc
塩・こしょう	各少々

作り方

1. ナスは5mm厚に切り（p13を参照）、180℃のオーブンで水分が飛ぶまで約30分焼く。焦げないように注意する。
2. 容器にナスを並べ、適量のオリーブオイル、塩・こしょう、唐辛子、ニンニクをのせる。さらに、ナスを重ね、手かフォークでしっかりと押して空気を抜き、オリーブオイル、塩・こしょう…を材料がなくなるまで重ねる。
3. 最後にオリーブオイルをかけてナスがオイルに完全に浸かるようにする。

ポイント

- ナスの代わりに、ズッキーニで作ってもおいしいです。
- ナスが空気に触れると傷んでしまうので、常にオイルに浸っているように注意します。
- 使う時は上から順にはがすように使います。
- 冷蔵で1ヶ月以上もちます。
- 刻んで冷製パスタ（p80を参照）、サラダ、サンドイッチ、ペペロンチーノ（p82を参照）に加えると、アクセントになっておいしいです。
- そのままお酒のつまみにもなり、野菜を巻けば（p106を参照）簡単にもう一品の料理に変身します。

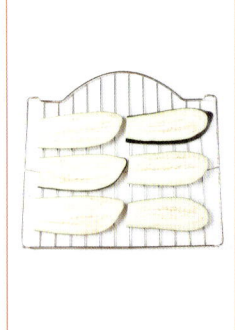

Melanzane sott'olio

基本料理　cucina di base

パプリカのマリネ

材料　(4〜5人分)

パプリカ(2cm角に切る)	2〜3個
水	1500cc
塩	15g
ワインビネガー	大さじ2

ポイント

- 最後に味見をして、必要だったらワインビネガー(分量外)をかけます。
- ワインビネガーのメーカーによって酸味が違うので、分量を調節してみてください。
- 冷蔵で5日くらいもちます。
- ライスサラダ(p84を参照)に加えたり、冷製パスタ(p80を参照)などに和えてもおいしいです。

作り方

1. 鍋に水、塩、ワインビネガーを入れて沸騰させる。
2. 沸騰したら、パプリカを入れ、4分程茹でる。
3. ざるにあげ、冷ます。冷めたら保存容器に移す。

Peperoni marinati

基本料理 cucina di base

グリーンピースの付け合わせ

材料 （4～5人分）

オリーブオイル	大さじ3
タマネギ(薄くスライス)	1個
冷凍グリーンピース	500g
水(調整用)	200cc
白ワイン	50cc
塩・こしょう	各少々
エルバチポリーナ(乾燥万能ネギ) (p16を参照)	小さじ1

作り方

1. フライパンにオリーブオイルを入れ、タマネギを弱火で約15分炒める。
2. タマネギが透き通ってきたら、冷凍グリーンピースと水を入れ強火にする。沸騰したら弱火にしてふたをして20分以上煮込む。
3. グリーンピースの表面がシワシワになってきたら、塩・こしょう・エルバチポリーナ・白ワインで味を調え、ふたをして20分ほど煮込む。

ポイント

- 冷凍グリーンピースは、表面の氷をさっと水で洗い落とし、半解凍の状態で使うことによって、つぶれるのを防ぐことができます。
- タマネギを炒めるときには、水大さじ1～2を入れて、フライパンの中央にまとめてなるべく触らないようにすると焦げにくく、火の通りも早くなります。
- 肉(p66、68、92、122、124を参照)、魚の付け合わせとしても使えるし、米を加えてリゾットにしてもおいしいです。
- 長く煮込むことによって、グリーンピースの粉っぽさがなくなり、甘くクリーミーな食感になります。グリーンピースが苦手な人こそ、騙されたと思ってぜひ作ってみてください。

ここでふた！　　ここでふた！

Contorno di piselli

基本料理　cucina di base

リコッタチーズ

材料　（約150g分）

牛乳（濃度3.5以上）	500cc
プレーンヨーグルト	150cc
塩	少々
レモン汁（またはワインビネガー）	小さじ1

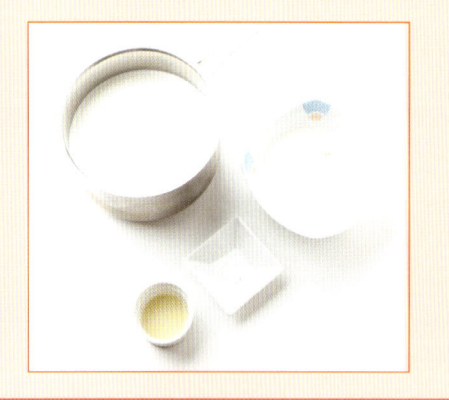

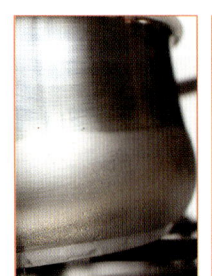

作り方

1. 鍋に牛乳、プレーンヨーグルト、レモン汁を入れ、鍋の水滴がなくなるまで置いておく。
2. 鍋を弱火にかける。約10分ほど火にかけ、一度混ぜて確認する。
3. 汁が透き通ってきたら火を止め、冷めるまで待つ。
4. ざるにあげ、やさしく押さえながら水分をきる。
5. ゴムべらでこして、なめらかにする。

ポイント

- ヨーグルトがない場合でも、レモン汁（またはワインビネガー）のみで作れますが、その場合は、レモン汁（またはワインビネガー）を小さじ1から大さじ2に増やして入れてください。しかし、ヨーグルトを入れた方がマイルドな味に仕上がります。
- 脂肪分の少ない牛乳しかない場合は、生クリームを100cc足して脂肪分を増やしてください。
- 鍋に水滴が付かなくなるくらいを目安に常温に戻してから火にかけます。
- すぐに使わない場合は、3の状態で冷蔵庫に入れておくとよい。冷蔵で2〜3日はもちます。
- サラダに入れたり、パルミジャーノの代わりにパスタにかけたり、ドルチェ（p128を参照）にも使えます。

Ricotta

基本料理 cucina di base

タルト生地

材料 （18cm型）

小麦粉	100g
砂糖	40g
卵黄	1個分
バター（常温にもどす）	40g
レモン皮	1/2個分

作り方

1. ボウルの中に材料を上から順に入れ、最初はフォークで混ぜ、まとまってきたら手で素早く混ぜる。
2. シートの上でひとつにまとめ、ラップをして冷蔵庫で約30分寝かす。
3. タルト型にバター（分量外）を塗り、小麦粉（分量外）をしっかりとまぶし、余分な粉を落とす。
4. タルト生地を型に合わせた大きさに薄くのばしてしきつめ、余分な生地はカットする。
5. フォークで1cm間隔に穴をあける。

ポイント

- 手早く混ぜることで、サクサクとした食感になります。
- 冷凍で約1ヶ月もちます。
- カスタードクリームやジャムをのせて焼くといろいろなタルトが楽しめます(p70、72を参照)。
- そのままの生地を型抜きして焼けば、おいしいビスケットになります。生地にダイスアーモンドなどのナッツ類を加えてもよいです。

Impasto crostata

基本料理 cucina di base

カスタードクリーム

材料 （130cc分）

卵黄	1個分
砂糖	15g
小麦粉	15g
牛乳	150cc
バニラエッセンス	2〜3滴
レモンの皮（ピーラーでスライス）	2〜3枚

作り方

1. 鍋に卵黄と砂糖を入れ、白くなるまで混ぜる。
2. 小麦粉を入れ、なめらかになるまで混ぜる。
3. 温めた牛乳を3回に分けて入れ、よく混ぜる。鍋をかきまぜながら弱火にかけ、とろみがついてきたら火から下ろし、バニラエッセンスとレモンの皮を加える。

ポイント

- 温めた牛乳を使うことで、時間を短縮できます。
- 冷蔵で3〜4日間もちます。
- 使い方に合わせて、牛乳の量を変えて（200ccまで増やしてOK）とろみを調節して使いましょう。
- ナポリでは、レモンの皮を入れて、さっぱりとした味に仕上げます。
- タルト（p70を参照）、シュークリームに入れたり、スポンジケーキの間に挟んだり、そのまま食べてもおいしいです。

Crema pasticcera

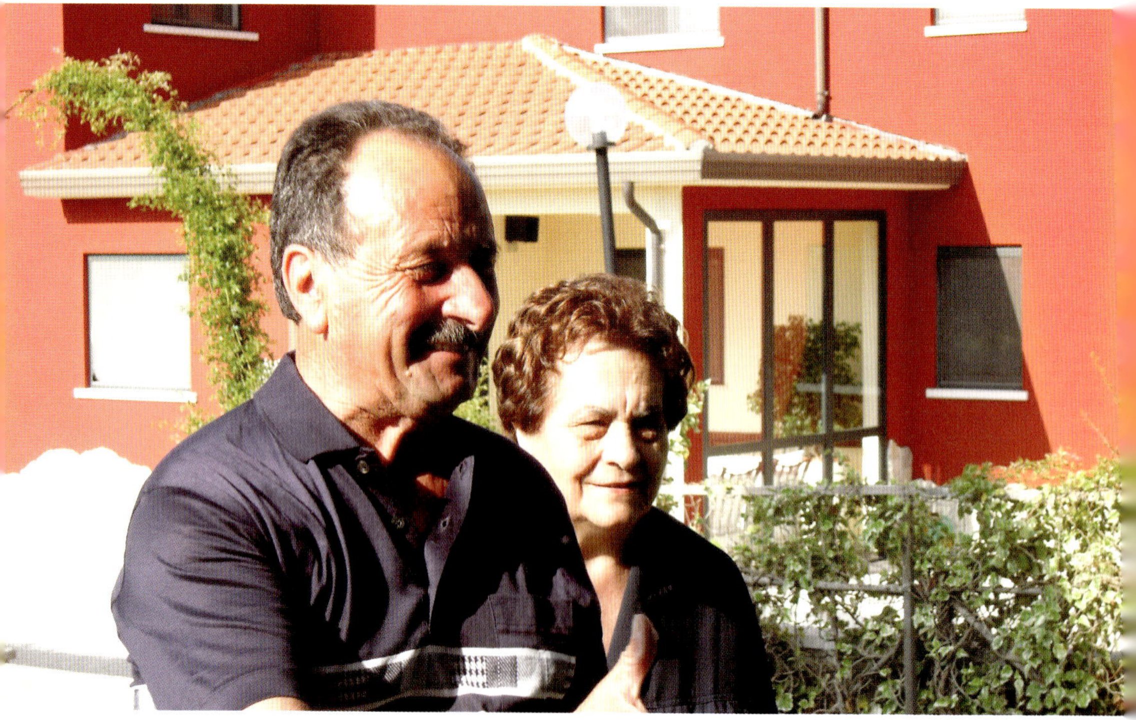

春のレシピ

Primavera

春 primavera

チーズ

ワインのお供としてイタリアの食卓に欠かせないチーズ。一年中出回っていますが、チーズにも旬があるのをご存知ですか?

一年のうちでチーズがもっともおいしい季節は、実は「春」。春一番の新鮮な草を食べた動物の乳で作るチーズは、味わい深く、格別においしいのです。

イタリアのチーズの歴史は古く、熟成具合や形、作り方、動物の違いによって、400種類ものチーズがあるといわれています。中でもイタリアチーズを代表する、パルミジャーノ、モッツァレラ、リコッタチーズについて詳しくご紹介します。

パルミジャーノ・レッジャーノ
「イタリアチーズの王様」といわれているチーズは、イタリア中部のエミリア・ロマーニャ州のパルマ地方とレッジョ・エミリア地方が原産地。タンパク質は他のどのチーズよりも多く、カルシウム、リンなどのミネラルに加え、ビタミンが豊富に含まれています。イタリアでは離乳食や病院食でも使われているほどポピュラーなチーズです。
<正しい保存方法>
かたまりは、紙袋に入れてから、ビニール袋に入れて冷蔵庫で保存します。湿気のある野菜室、冷凍庫での保存はNGです。紙袋がない場合はラップでくるんでもよいですが、使用するごとに新しいラップに替えてください。万が一、カビが生えてしまったら、その部分を削って食べれば問題ありません。削ったパルミジャーノは、殺菌消毒したガラスの瓶で保存します。熟成期間が24ヶ月以下のものは水分を多く含むため、カビやすいので注意してください。

モッツァレラ
熟成させていないフレッシュタイプのチーズ。水牛の乳で作るのが普通ですが、「フィオーレ・ディ・ラテ」といって牛乳から作られるモッツァレラもあり、水牛で作ったものよりも安価で手に入れることができます。日本でモッツァレラは丸い形が主流ですが、イタリアでは、さくらんぼ大(チーリエジーネ)、ひと口大(ボッコンチーニ)、スモークタイプ、三つ編み状(トレッチャ)、シート状(スフォイヤ)などがあります。

イタリアでは、常温にして塩・こしょうを一切かけずに、そのまま食べます。日本でもしフレッシュなモッツァレラを手に入れることができたら、ぜひ試してみてください。または、サラダ、カプレーゼ、冷製パスタ(p80を参照)、ミックスグリルナス巻き(p106を参照)、ラザニアなどに使ったり、パンに挟んで揚げたり、焼いたりしてもおいしいです。

リコッタチーズ
チーズを作った後に残る乳清(ホエー)を利用して作られるチーズ。南イタリアでよく食べられていて、低脂肪であっさりとしたくせのない味わいが特徴です。パスタやニョッキと和えたり、生クリームの代わりとして使ったり、お菓子作りにももちろん使われています。日本では、専門店に行かないと買えませんが、イタリアでは一番安く手に入りやすいチーズです。身近な食材だけで、意外と簡単に作れるので、一度作ってみてください(p38を参照)。

Formaggi

春 primavera

バターを使わないのでとてもさっぱりしていて、鉄分豊富でヘルシーなキッシュ。
これを食べたら、キッシュのイメージが変わるはず！

ホウレンソウパイ

材料　(4～5人分)

冷凍パイシート	2枚
ホウレンソウ	2束
卵	2個
リコッタチーズ(p38を参照)	150g
パルミジャーノ	大さじ2
塩・こしょう	各少々
ロースハム	5枚
卵黄	1個分
バター	10g

作り方

1. 型にバター(分量外)を塗り、小麦粉をまぶす。ホウレンソウは塩水で茹で、みじん切りにして水分を切る。
2. 冷凍パイシートを解凍し、軽く伸ばして型の上に敷く。その上にロースハムをのせる。
3. ボウルに、卵、リコッタチーズ、パルミジャーノ、塩・こしょうを混ぜ、その中に1のホウレンソウを混ぜる。
4. 2の型に3を流しこみ、バターをのせる。ツヤ出し用の卵黄を塗って170℃のオーブンに入れる。卵が膨らんできたら160℃に下げて40分程焼く。

ポイント

- ホウレンソウの水はしっかりと切ること。
- ロースハムの代わりに、サラミやモルタデッラでも作れます。

Rustico agli Spinaci

春 primavera

シンプルだけど飽きのこない定番パスタ。
ズッキーニ好きにはたまらない一品です。

ズッキーニとパンチェッタのパスタ

材料　(2人分)

ショートパスタ(ペンネ)	160g
オリーブオイル	大さじ2
ズッキーニ	
(スライサーで薄く切る)	1本
タマネギ(薄くスライス)	1/2個
塩・こしょう	各少々
パンチェッタ(1cm厚にスライス)	50g
パルミジャーノ	大さじ2

作り方

1. フライパンの中にオリーブオイルとズッキーニを入れて中火にかけ、油が全体に回ったら弱火にする。
2. ズッキーニがしんなりしたらタマネギを入れ、塩・こしょうをしてさらに炒める。
3. 2をフライパンの片側に寄せ、空いたスペースでパンチェッタを炒める。軽くこしょうで味を調える。パンチェッタに火が通ったら全体を混ぜる。
4. パスタを茹でる。パスタが茹であがったらざるで湯を切り、3に加えパルミジャーノを入れて混ぜ、皿に盛りつける。

ポイント

- ズッキーニを炒める際、かきまぜすぎると形が崩れてしまうので注意。フライパンの中央にまとめて、触らないようにすると焦げにくく、火の通りも早くなります。

Penne con Zucchine e Pancetta

春 primavera

春の訪れをつげる芽キャベツを使ったトマト味のパスタ。
貝の形をしたパスタ（コンキリエ）との相性が抜群です。

芽キャベツのパスタ

材料　（4〜5人分）

ショートパスタ（コンキリエ）	300g
芽キャベツ（半分にスライス）	12個
オリーブオイル	大さじ4
ニンニク（厚くスライス）	1片
唐辛子（半分に切って種をとる）	1本
パンチェッタ（1cm厚にスライス）	80g
トマト水煮缶	1缶
水	200cc
塩・こしょう	各少々
バジリコの葉	5〜6枚

作り方

1. 鍋にオリーブオイル、ニンニク、唐辛子を入れて弱火にかける。ニンニクが透き通ったらパンチェッタを入れ、こしょうで味を調える。
2. 唐辛子を取り出し、トマト缶と水を入れて強火で煮込む。沸騰したら塩・こしょうをして弱火にして20〜30分ほど煮込む。
3. パスタを茹でる。茹であがる3〜4分前に芽キャベツを入れて一緒に茹でる。
4. パスタが茹であがったらざるで湯を切り、元の鍋に戻してソースの半分を入れて混ぜる。パスタを皿に盛りつけたら残りのソースをかける。

ポイント

- パスタソースを煮込む時間が短いので、時間がないときに作れるメニューです。
- 芽キャベツが出回る春にしか食べられないメニューなので、ぜひ試してみてください！

Pasta con i Cavolini

春 primavera

南イタリアのプーリア地方で食べられる伝統的なメニュー。
菜の花の苦味のきいたオイルソースの定番パスタです。

菜の花のパスタ（プーリア風のパスタ）

材料　（4〜5人分）

ショートパスタ（オレッキエッテ）	320g
菜の花（3〜4cmの長さに切る）	1束
オリーブオイル	大さじ4
ニンニク（厚くスライス）	1片
アンチョビ	2枚
ローリエ	1〜2枚
唐辛子（半分に切って種をとる）	1本
塩・こしょう	各少々

※今回は、撮影時期の関係で冷凍の菜の花を使っていますが、できれば、生の菜の花を茹でずにそのまま使いましょう。

作り方

1 フライパンにオリーブオイル、ローリエ、ニンニク、唐辛子を入れて弱火にかける。
2 ニンニクが透き通ったら一度火を止め、アンチョビを入れて溶かす。
3 菜の花を塩水で3〜4分茹で、鍋から取り出し 2 のフライパンに入れる。
4 菜の花を茹でた鍋でパスタを茹でる。パスタが茹であがったらざるで湯を切り、3 のフライパンに入れてあえる。フライパンの中で混ぜ、塩・こしょうで味を調えて皿に盛りつける。

ポイント

- お好みでパルミジャーノをかけて食べてもOK！
- アンチョビは、温かい油に入れると溶けるので、刻む必要はありません。
- 私の実家では、パスタを茹でる塩水で先に菜の花を茹でます。菜の花を取り出し、そのお湯でパスタを茹でると、菜の花の味がよりパスタにしみ込んでおいしくなります。

Orecchiette alla Pugliese

春 primavera　おまけのレシピ

この季節限定で楽しめるソラマメのパスタ。
春のパスタの中でも私も大好きな、イチオシのレシピです。

ソラマメとスナップエンドウのパスタ

材料　(2人分)

ショートパスタ(ジーギ)	160g
オリーブオイル	大さじ2
タマネギ(薄くスライス)	1/2個
パンチェッタ(5mm厚にスライス)	40g
白ワイン	50cc
ソラマメ(皮なし)※	100g
スナップエンドウ	1/2袋(50g)
塩・こしょう	各少々
イタリアンパセリ(みじん切り)	小さじ1
ペコリーノチーズ	大さじ2

※ソラマメは薄皮つきのまま塩水で約4分間茹でる。茹であがったら薄皮はむいておく。

作り方

1 フライパンにオリーブオイル、タマネギを入れて弱火にかける。タマネギが透き通るまで焦げないように炒める。

2 1にパンチェッタを入れて中火にし、パンチェッタの色が変わるまで炒める。白ワイン、ソラマメ、スナップエンドウを入れて強火にし、アルコールを飛ばしたら弱火にして、ふたをして7〜8分蒸し焼きにする。塩・こしょうで味を調え、イタリアンパセリをかける。

3 パスタを茹でる。茹であがったらざるで湯を切り、2のフライパンの中に入れる。

4 3にペコリーノチーズを入れて、パスタと和える。お皿に盛りつけたあと、こしょうをかけて仕上げる。

ポイント

● スナップエンドウの代わりに、サヤエンドウなどでもできます。

● ペコリーノの代わりに、パルミジャーノを使ってもおいしくできます。

● 今回パスタはジーギ(ユリの形のパスタ)を使いましたが、フジリやペンネ、マカロニなどにもよく合います。

ここでふた！

Pasta fave e taccole

春 primavera

春野菜が楽しめるリゾット。
割高ですが、ポロネギを使って作るとよりおいしくできます。

3種の緑の野菜のリゾット

材料　(4～5人分)

オリーブオイル	大さじ3
長ネギ(輪切り)	1/2本
冷凍グリーンピース	100g
ズッキーニ(1cm角に切る)	1～2本
アスパラガス(1cmに切る)	3本
塩・こしょう	各少々
米	2合
白ワイン	50cc
野菜スープ(p26を参照)	1000cc
バター	40g

作り方

1. 1000ccの野菜スープを作り温めておく。冷凍グリーンピースは、さっと水洗いしておく。鍋にオリーブオイルを入れて長ネギが透き通るまで炒め、グリーンピースを入れる。グリーンピースの皮がシワシワになるまで炒め、塩・こしょうをする。
2. ズッキーニを入れ、ズッキーニが透き通ったら、もう一度、塩・こしょうをする。
3. 米とアスパラガスを一緒に入れて炒め、白ワインを加える。強火にしてアルコールを飛ばしたら弱火にし、米が平らになるように整えて、野菜スープをひたひたまで注ぐ。
4. 米の表面が見えてきたら野菜スープを足す、というのを何度も繰り返して、18分程ふたをせずに煮込む。米がちょうどよい硬さになったら、一気にへらで混ぜて粘りを出す。最後にバターを入れて溶かす。

ポイント

- 野菜スープは常に弱火にかけておいて、米の鍋に入れるときに温度差がないようにすること。
- 米が常に隠れているように、こまめにスープを足す。
- ほどよい硬さになるまで絶対にかきまぜないことがムラなく仕上げるコツ。
- パルミジャーノをかけたいところですが、野菜の甘みが消されてしまうので、かけずに食べるのがおすすめ。

Risotto ai tre verdi

春 primavera

本場イタリアの「カポナータ」は、
野菜を一種類ずつじっくり炒めることで野菜の甘みを引き出していきます。
肉、魚、チーズなどのあらゆる料理に合うので、多めに作りおきしておくと便利です。

カポナータ

材料 （4～5人分）

オリーブオイル	大さじ5
パプリカ（1.5cm角に切る）	2個
ズッキーニ（1.5cm角に切る）	2本
ニンジン（1.5cm角に切る）	2本
ナス（1.5cm角に切る）	2本
フレッシュトマト（1.5cm角に切る）	2個
塩・こしょう	各少々
バジリコの葉	4～5枚

作り方

1. フライパンにオリーブオイルを入れ、パプリカを炒める。はじめは強火で、全体に油がまわったら弱火にして約20分間火にかける。焦げないように、途中2～3回へらでかきまぜる。
2. パプリカがしんなりしたら塩・こしょうをして皿に取り出し、フライパンにズッキーニを入れ、同じ油で同様に約20分炒める。その後、ニンジン、ナスも同様に炒める。
3. 炒めたパプリカ、ズッキーニ、ニンジン、ナスをフライパンに戻し、フレッシュトマトとバジリコの葉を入れて塩・こしょうをしたらふたをして20分煮込む。
4. 20分たったら、ふたを取り、余分な水分を飛ばす。

ポイント

- パプリカを炒めるときは、かきまぜすぎると皮がはがれてきてしまうので注意！
- 炒める野菜の順番は変えてもよいですが、ナスは油を吸いやすいので必ず一番最後に炒めます。
- 量が多ければ多いほどおいしくできます。炒める時間は量に合わせて調節してください。
- お好みでセロリ、ジャガイモ、新タマネギを入れてもよいです。
- 作った翌日に、常温でいただくのが一番おいしい食べ方です。

ここでふた！

Caponata

春 *primavera*

菜の花をくったくたに煮込んだ深い味わいは一度食べるとやみつきに。
独特の苦味があり、ソーセージやモッツァレラとも相性が抜群です。

菜の花の炒め物

材料 （4～5人分）

オリーブオイル	大さじ4
ニンニク（厚くスライス）	1片
唐辛子（半分に切って種を取る）	1本
菜の花（3～4cmの長さに切る）	2束
水	50cc
塩・こしょう	各少々

※今回は、撮影時期の関係で冷凍の菜の花を使っていますが、できたら、生の菜の花を茹でずにそのまま使いましょう。

作り方

1. フライパンにオリーブオイルとニンニク、唐辛子を入れ弱火にかける。
2. ニンニクの香りが出てきたら、菜の花と水を入れ炒める。塩・こしょうで味を調え、ふたをしてやわらかくなるまで約15分蒸し焼きにする。

ポイント

- 菜の花が手に入らない場合、かき菜、あぶら菜などでも代用できます。
- もっとコクを出したい場合には、菜の花を入れる前にアンチョビ1～2枚を入れてもよいです。

ここでふた！

Contorno di cime di rapa

春 *primavera*

冷めてもおいしいので、サンドイッチやお弁当の具にもおすすめ。
ジャガイモの代わりにズッキーニ、またはパプリカを使ってもおいしいです。

ジャガイモのオムレツ

材料（4〜5人分）

オリーブオイル	大さじ4
ジャガイモ（1cm角に切る）	4〜5個
タマネギ（薄くスライス）	1/2個
塩・こしょう	各少々
モッツァレラ（1cm角に切る）	1個（100g）
<卵液>	
卵	5個
牛乳	大さじ2
パルミジャーノ	大さじ2
塩・こしょう	各少々

作り方

1. フライパンにオリーブオイルとジャガイモを入れて弱火にかける。ジャガイモが透き通ったらタマネギを入れ、10分くらいかけてゆっくり炒め、塩・こしょうをする。
2. モッツァレラを加え、溶けるまで触らずに待つ。
3. 卵、牛乳、パルミジャーノ、塩・こしょうを混ぜた卵液を作る。
4. 2のモッツァレラが溶けてきたらしっかりと混ぜ、3の卵液を入れて卵が半熟になるまでさらに混ぜる。ふたをして弱火で4分蒸し焼きにする。フライパンを揺らして、卵液が動かなくなったら、ひっくり返して中火で2分焼く。

ポイント

- 卵液は味見をして、しっかり味がついていることを確認しましょう。好みで牛乳を少し足してもよいです。
- フライパンよりも一回り小さいサイズのふたを使うとひっくり返しやすいです。
- 乾燥モッツァレラでも代用できます。
- モッツァレラが溶けるまで我慢して待つと、木べらにつかずにきれいに混ぜることができます。

ここでふた！

Frittata di patate

春 primavera

材料をすべてフライパンに入れて蒸し焼きにするだけ!
超簡単なのに、ハーブのスパイスが効いた、びっくりするほど味わい深く仕上がります。

ワインビネガーとハーブのチキン

材料　(4〜5人分)

骨付き鶏もも肉(p15を参照)	2〜3本
手羽元	4〜5本
ニンニク(厚くスライス)	2片
タマネギ(薄くスライス)	1/2個
イタリアンパセリ(みじん切り)	大さじ2
ローズマリー	3枝
セージ	3枝
白ワイン	100cc
ワインビネガー	大さじ3
塩・こしょう	各少々

作り方

1. フライパンに食べやすい大きさに切り分けた骨付き鶏もも肉(p15を参照)を並べ、その上に残りのすべての材料をのせていく。
2. 強火にして、アルコール分を飛ばしたらふたをして、弱火にして約20分蒸し焼きにする。
3. 20分たったらふたを取り、余分な水分を飛ばす。

ポイント

- 骨付き鶏もも肉がおすすめですが、手羽元などをミックスしてもおいしいです。
- ワインビネガーは、肉をやわらかくする効果があります。

ここでふた!

Pollo all'aceto e alle erbe

春 primavera

レモン汁が入ってさっぱりとした肉料理。
鶏ささみを使ってもおいしくできます。

アーモンドのチキン

材料　(4～5人分)

鶏むね肉(p14を参照)	約400g(2枚)
小麦粉	大さじ2～3
オリーブオイル	大さじ4
バター	20g
塩・こしょう	各少々
アーモンド(縦半分に切る)	40g
ローズマリー	4枝
レモン汁	1個分

作り方

1. 鶏肉を1cm弱の厚さに切り(p14を参照)、さらに食べやすい大きさに切り分け、薄く小麦粉をまぶす。
2. フライパンにオリーブオイルとバターを入れて1を焼く。表面にほんのり焼き色が付いたら、塩・こしょうをする。
3. アーモンド、ローズマリー、レモン汁を入れてふたをして5～6分間蒸し焼きにする。

ポイント

- 2の段階で焼きすぎるとパサついた仕上がりになってしまうので注意！
- レモン汁の代わりに白ワインで煮込むと、また違った味を楽しめます。

Pollo alle Mandorle

春 **primavera**

フルーツたっぷりのタルトは、旬の果物を使って季節ごとに作り、
味の違いを楽しみたいスイーツです。

フルーツのタルト

材料　(18cm型1個分)

タルト生地(p40を参照)	250g
カスタードクリーム(p42を参照)	130cc
ジャム	大さじ2
バナナ	1/2本
イチゴ	4〜5粒
キウイ	1/2個
ゼラチン(ナパージュ)	50cc

作り方

1. タルト台を作り(p40を参照)、膨らまないように重みをのせ、170℃で約30分焼く。焼き色がつく前にオーブンから取り出し、冷ます。
2. 1にジャムをのせて薄くのばす。
3. カスタードクリームに泡立てた生クリームを混ぜ、ジャムの上に混ざらないようにのせていく。
4. バナナ、イチゴ、キウイをスライスして重ねながらセンスよくのせる。最後に、ナパージュを塗って冷蔵庫で4〜5時間冷やす。

ポイント

- タルト生地を焼くときに重みを使わない場合は、10分くらい焼いて膨らんできたら、もう一度フォークで穴をあけるとよい。
- ジャムはお好みのものでOKです。

Crostata alla frutta

春 primavera

ココナッツの甘さとブラックチョコレートのほろ苦さが
絶妙にマッチした、とても夏らしいタルトです。

ココナッツのタルト

材料 （18cm型1個分）

タルト生地（p40を参照）	250g
(a)砂糖	50g
卵	1個
卵白	1個分
(b)ココナッツパウダー	50g
生クリーム	200cc
牛乳	25cc
ブラックチョコレート（縦に刻む）	10g

作り方

1. タルト台を作る（p40を参照）。
2. 容器に(a)の材料をすべて入れ、ふんわり白くなるまで泡立て器で混ぜる。
3. 別の容器に(b)の材料を入れて軽く混ぜる。
4. 2と3を合わせ軽く混ぜ、タルト台の上に流し込み、170℃のオーブンで約40分焼く。
焼きあがったらオーブンから取り出し、すぐにブラックチョコレートをかける。
5. もう一度、オーブンの中に戻し、余熱でチョコレートを溶かす。冷蔵庫に入れて冷やしてから食べる。

ポイント

- オーブンは一番下の段で焼き、焼き色がつかないように注意しましょう。
- 植物性の生クリームを使うと、さらにさっぱりとした口当たりになります。

Crostata al Cocco

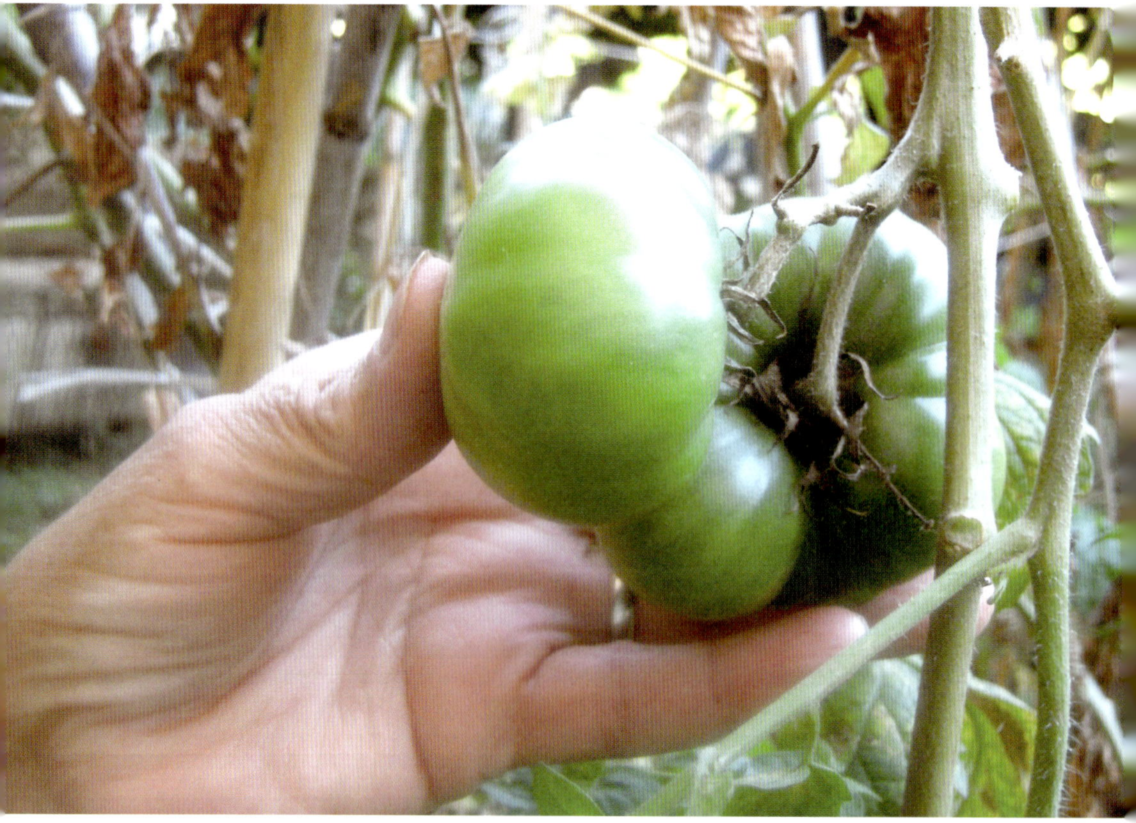

夏のレシピ

Estate

夏 estate

トマト

トマトがイタリアに伝わったのは、16世紀のこと。はじめは観賞用として栽培されていましたが、どんな料理にも合うトマトは、17世紀頃から一般に普及しはじめ、富裕層と貧しい人たちの料理の垣根を取りはらった食材だといわれています。

ヴァッローネ家では、毎年夏にトマトソース作りを行います。トマトを買うのは年に一回のみ。真っ赤に熟したトマトを数百キロ単位で購入し、親戚総出でトマトの瓶詰め作業を行うのが恒例です。一年のうちでもっともおいしく、かつ安く購入した旬のトマトを一年かけて食べるのです。

イタリアにはいろいろな品種のトマトが出回っていて、カンパーニャ州だけでも数百種類以上あるといわれています。料理に合わせて使い分けたり、同じ料理を違うトマトで作って味の違いを楽しみます。トマトの使い分け方や、おいしい食べ方をまとめましたので参考にしてみてください。

トマトソースに向いているトマトとは?
最近、日本のスーパーで見かけるようになった「イタリアントマト」または「料理用トマト」は、水分が少ないので料理に向いています。これらのトマトが手に入らない時には、種を取って、水分を少し落としてから使うとよいでしょう。

ミニトマトをおいしく食べる方法は?
生でサラダのほか、ボンゴレのパスタや短時間で仕上げる煮込み料理に向いています。半分に切って軽くオーブンで焼くと甘みが強調されてよりおいしくなります。

トマトの保存方法は?
トマトは、そのまま冷凍して保存することができます。ヴァッローネ家では、冷凍庫の一段がトマト専用になっていて、大小さまざまな種類のトマトを冷凍でストックしています。一度冷凍し、解凍すると皮がむきやすくなるので、つぶしてスープや煮込み料理に使います。

黄色のトマトはどう使う?
黄色やオレンジのトマトは酸味があっておいしいので、ボンゴレなどによく合います。試してみてください。

トマト水煮缶と生トマトはどう使い分ける?
トマト水煮缶を使う場合、1時間以上煮込まないと甘みが出てきません。そのため、煮込む時間がないときや、暑い夏の日であまり火を使いたくないときに、生トマトを使うと、手早く料理ができるのでおすすめです。トマト水煮缶は弱火でぐつぐつ煮込みますが、生トマトの場合は、強火で15〜20分煮込んで一気に水分を飛ばすのがポイントです。

Pomodori

夏 estate

とてもさっぱりしたサラダで、
夏のサイドメニューにぴったり!
彩りがよいので食欲がそそられるだけでなく、
ワインビネガーも入っているので
夏バテ予防にも効果があるかも!?

パプリカのサラダ

材料　(4〜5人分)

パプリカ(5mm厚にスライス)	3個
ケッパー(p16を参照)	大さじ1
オリーブ	30g
塩・こしょう	各少々
オリーブオイル	大さじ4
ニンニク(2〜3mm厚にスライス)	1片
ワインビネガー	大さじ2〜

作り方

1. パプリカは塩水で約4分茹で、ざるにあけて冷ます。
2. ボウルに1のパプリカと残りの材料すべてを入れて和える。
3. 冷蔵庫の中に入れて、最低1時間は冷やして味をなじませる。

ポイント

- パプリカはいろいろな色のものを使うと彩りよくきれいです。
- オリーブは、ブラックオリーブでもグリーンオリーブでもOK。味の濃いものは一度塩抜きしてから使いましょう。
- ワインビネガーは、メーカーによって酸味が大きく異なるので、調整しながら入れてください。

Insalata di peperoni

夏 *estate*

熱い夏にぴったりの、さっぱりメニュー。
作り置きできるので、お弁当のおかずにも。

冷製パスタ

材料　（4〜5人分）

ショートパスタ（マカロニ）	300g
トマト（くし形に切る）	2〜3個
モッツァレラ（1cmに切る）	1.5個（150g）
バジリコ	10枚
オリーブオイル	大さじ4〜
塩・こしょう	各少々

作り方

1. パスタはいつもより1〜2分短く、硬めに茹で、ざるで湯を切る。鍋を冷水で冷やしパスタを戻す。オリーブオイル、塩・こしょうをする。
2. ボウルの中にトマト、モッツァレラ、バジリコ、オリーブオイルを入れ、塩・こしょうで味を調える。
3. 1と2を合わせて、冷蔵庫に入れて1時間以上冷やす。

ポイント

- 野菜のピクルスを入れたり、モッツァレラのかわりにカッテージチーズを入れてもよいです。
- オリーブオイルにバジリコペーストを混ぜてジェノベーゼ風にしてもおいしいです。
- 1cm幅に切ったナスのマリネ（p32を参照）やパプリカのマリネ（p34を参照）を加えてもよいです。

Insalata di Pasta

夏 estate

イタリアでは、日本でいう"飲み会帰りのラーメン"のような感覚で食べられているペペロンチーノ。
タマネギなどの具が一切入らない、シンプルなオイルパスタです。

ペペロンチーノ

材料 （4〜5人分）

スパゲッティ（ベルミチェッリ）	320g
オリーブオイル	大さじ4
ニンニク（厚くスライス）	1〜2片
唐辛子（半分に切って種を取る）	1〜2本
塩	少々

作り方

1. フライパンにオリーブオイルとニンニク、唐辛子を入れて弱火にかける。
ニンニクがキツネ色になったら火を止めて冷ます。
2. スパゲッティを茹でる。
茹であがったらざるで湯を切り、1のフライパンに入れ、中火にかけながら混ぜる。
3. 最後に塩で味を調える。

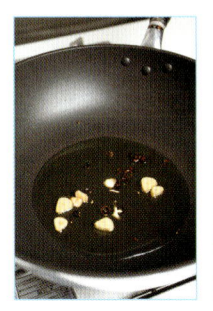

ポイント

- お好みでイタリアンパセリ、こしょうをかけてもよいです。
- 1のあとのタイミングで、1cm幅に切ったナスのマリネ（p32を参照）を入れるアレンジもおすすめです。
- ペペロンチーノは、シンプルなオイルパスタですが、これをベースに、生のブロッコリーを入れてブロッコリーのパスタにしたり、残ったきのこを加えればきのこパスタにも変身します。以下の写真を参考に作ってみてくださいね。

Aglio olio e peperoncino

夏 estate

イタリアでは、米もパスタ感覚で塩水で茹でて調理します。
ビネガーがアクセントになったさっぱり夏メニューは、
日本のチラシ寿司にちょっと似ているかも!?

ライスサラダ

材料 （4～5人分）

米	2合
ツナ缶（水や油を切ったもの）	2個(180g)
ゆで卵（白身と黄身を分け、白身は5mm角に切る）	1～2個
冷凍グリーンピース（5分茹でる）	150g
レモン汁	1個分
イタリアンパセリ（みじん切り）	大さじ1
オリーブオイル	大さじ4
塩・こしょう	各少々
パプリカのマリネ（p34を参照）	2個分

作り方

1. 塩水（分量外）で、米をとがずに15分程茹でる。
2. 茹でた米をざるにあげ、ふきんの上に広げて冷ます。
3. ボウルに**2**の米、パプリカのマリネ、ゆで卵、下茹でしたグリーンピース、イタリアンパセリ、ツナ、オリーブオイルを入れて混ぜ、塩・こしょう、レモン汁で味を調える。好みでレモン汁は調整する。
4. 最後に冷蔵庫で冷やす。

ポイント

- レモンの代わりに、マヨネーズ（大さじ4）を入れると、ツナマヨっぽくて懐かしい味に。
- ピクニックなどに持って行くときには、黄身はまぜずに、上にかけると、おしゃれなチラシ寿司風になります。

Insalata di Riso

夏 *estate*

食欲がない夏でも、さっぱりといただける
レモン風味のリゾット。

レモンのリゾット

材料 （2人分）

米	1合
オリーブオイル	大さじ1
バター	20g
長ネギ（輪切り）	1/2本
白ワイン	30cc
レモン汁	1/2個分
乾燥万能ネギ（エルバチポリーナ）(p16を参照)	小さじ1
野菜スープ (p26を参照)	約1000cc
パルミジャーノ	大さじ1〜2
塩・こしょう	各少々

作り方

1 鍋にオリーブオイルとバターを入れ、長ネギを弱火で炒める。別の鍋で野菜スープをつくり温めておく。

2 1に米と白ワインを加える。強火にしてアルコールを飛ばしたら、弱火にしてレモン汁、エルバチポリーナを入れる。

3 米の表面を平らに整えたら、野菜スープをひたひたまで加える。米の表面が見えてきたら野菜スープを足す、というのを何度か繰り返して、ふたをせずに18分程煮込む。

4 米がちょうどよい硬さになったら、一気にへらで混ぜて粘りを出す。最後にパルミジャーノを加えて味を調える。

ポイント

- 野菜スープは常に弱火にかけておいて、米の鍋に入れるときに温度差がないようにすること。
- ほどよい硬さになるまで絶対にかきまぜないことがムラなく仕上げるコツ。
- パルミジャーノはたっぷりかけて。お好みで、レモンの皮を削ってかけてもおいしいです。
- お好みで、2のタイミングでエビを入れるアレンジもおすすめ。

Risotto al limone

夏 estate

クタクタになるまで煮込んだパプリカが、とろりと甘くてジューシー。
まさにイタリア家庭の常備菜とも言える一品です。
肉、魚、チーズなどのあらゆる料理に合う付け合せメニューです。

ペペロナータ

材料　(4〜5人分)

オリーブオイル	大さじ4
タマネギ(薄くスライス)	2個
ニンニク(厚くスライス)	1片
ローリエ	2枚
パプリカ(赤、黄、グリーン・1cm幅にスライス)	5個
トマト(1cm角に切る)	中4個
塩・こしょう	各少々
バジリコの葉	5〜6枚

作り方

1. フライパンにオリーブオイル、タマネギ、ニンニクを入れて弱火で約10分炒める。
2. タマネギが透き通ってきたら、パプリカとローリエを加えて強火で炒め、油が全体に回ったら弱火にして約20分炒める。
3. パプリカがしんなりしてきたら塩・こしょうをする。トマトとバジリコの葉を入れて、ふたをして弱火でさらに20分煮込む。

ポイント

- パプリカを炒めるときは、かきまぜすぎると皮がはがれてきてしまうので注意！
- 作った翌日に、常温でいただくのが一番おいしい食べ方です。
- パプリカは赤と黄のみでもよいです。

ここでふた！

Peperonata

夏 estate

ズッキーニと卵だけで作るシンプルな野菜炒めは子どもにも大人気。
メインの付け合わせのほか、サンドイッチに挟んで食べてもおいしいです。

ポベレッラ風ズッキーニ炒め

材料 （4～5人分）

オリーブオイル	大さじ4
ズッキーニ（薄く輪切り）	
（p13を参照）	3～4本
塩・こしょう	各少々
卵	2個
パルミジャーノ	大さじ1

作り方

1 フライパンにオリーブオイルを入れ、ズッキーニを炒める。はじめは強火で、全体に油がまわったら弱火にする。
2 ズッキーニが透き通ってきたら塩・こしょうをし、焼き色がつくまで約20分炒める。途中2～3回へらでかきまぜる。
3 卵を割り入れ、すぐにかきまぜて全体に絡める。
4 最後に、お好みでパルミジャーノを振る。

ポイント

- ズッキーニはかきまぜすぎると、形が崩れてしまうので注意！
- ズッキーニを炒める際、フライパンの中央に集めることで焦げにくくなり、火の通りも早くなります。

Zucchine alla poverella

夏 estate

ニンニクを使わずに、レモンの皮、レモン汁を入れて
さっぱり仕上げた軽めのハンバーグです。
レモンが豚肉独特の臭みを消してくれるので、
肉とは思えない不思議なハンバーグに仕上がります。

ハンバーグレモン風味

材料 （4～5人分）

牛乳	50cc
食パン（5mm角に切る）	1枚（8枚切り）
豚ひき肉	400g
卵	1個
塩・こしょう	各少々
レモンの皮	1個分
レモン汁	1/2個分
パルミジャーノ	大さじ4
冷凍グリーンピース	50g
パン粉（調整用）	大さじ2～
オリーブオイル	大さじ4

作り方

1. 食パンに牛乳をかけてしっとりさせておく。
2. ボウルにひき肉、卵、塩・こしょう、レモンの皮、レモン汁、パルミジャーノ、1の食パンをボウルに入れて軽く捏ね、具材が混ざったら冷凍グリーンピースを入れてさらに捏ねる。
3. 手にオリーブオイル（分量外）をつけて、直径3～4cmの大きさに成形する。
4. フライパンにオリーブオイルを入れて中火にかけ、3のハンバーグを入れて、中に火が通り、表面がかりっとするまで焼く。

ポイント

- 冷凍グリーンピースは、表面の氷をさっと水で洗い落とし、半解凍の状態で使うことによって、つぶれるのを防ぐことができます。

Polpettine al Limone

夏 estate

見た目が"ピザ風"という名の肉料理。
焼くだけで簡単にできるので、急な来客時の
おもてなし料理にもぴったりの一品です。

ピッツァヨーラ

材料 （4～5人分）

オリーブオイル	大さじ4
ニンニク（厚くスライス）	2片
牛肉（切り落とし、またはすき焼き用）	12～15枚
トマト（1cm角に切る）	中2個
イタリアンパセリ（みじん切り）	大さじ1～2
ケッパー（p16を参照）	大さじ1
塩・こしょう	各少々

作り方

1 フライパンに半量のオリーブオイルを入れ、牛肉でバラの花をつくるようにくるくるとまるめて敷き詰めていく。

2 ニンニクを牛肉の下に入れ込む。牛肉の上にトマトをのせ、塩・こしょうをし、イタリアンパセリ、ケッパーを散らし、残りのオリーブオイルを全体にかける。

3 フライパンを火にかける。最初は中火で、ジュウジュウ音がしはじめたらふたをして、弱火にして約10分蒸し焼きにする。

4 10分たったらふたを外し、中火にして水分を煮詰める。

ポイント

- みずみずしいトマトを使う場合は、トマトの種を取り除きましょう。
- ケッパーは、酸味が強くなりますが、酢漬けのものでも代用できます。
- お皿に移すときは、フライパンから滑らせるようにして盛ると美しく盛りつけできます。
- 丸めた肉を並べて焼くことで、肉どうしがくっつかないので、一人分ずつきれいに取り分けできます。

ここでふた！

Pizzaiola

夏 estate

野菜と魚をさっぱりと煮込み、
メインと付け合わせがこれ一品で完成するお手軽メニュー。
火をあまり使わずに手早くできるので、暑い夏の日の食卓におすすめ。

めかじきとパプリカの白ワイン煮込み

材料 （2人分）

塩水	1500cc
ローリエ	2〜3枚
レモン汁	1個分
めかじき切り身	2枚
オリーブオイル	大さじ2
赤パプリカ（1cm幅にスライス）	1/2個
黄パプリカ（1cm幅にスライス）	1/2個
レタス（ひと口大にちぎる）	1/2玉
白ワイン	50cc
塩・こしょう	各少々

作り方

1. 鍋に塩水、ローリエ、レモン汁を入れて沸騰させ、めかじきを1分茹でて臭みを取る。
2. フライパンにオリーブオイルを入れて、パプリカを弱火で炒めて取り出す。
3. 2のフライパンの中にレタス、パプリカ、めかじきを順に重ねて火にかける。強火にして温まったら白ワインを入れる。アルコールが飛んだら弱火にして、塩・こしょうで味付けして、ふたをして8〜9分程煮込む。
4. 8〜9分たったら、ふたを取り、余分な水分を飛ばす。

ポイント

- めかじきは、ローリエ、レモン汁を入れたお湯で軽くボイルすることで、臭みがとれておいしくいただけます。
- パプリカの色は、お手持ちのものや好みで変えてもよいです。
- レタスは、火を通すと繊維が気になるので、必ずちぎってから使いましょう。

ここでふた！

Tonno al vino bianco con Verdure

夏 estate

固めるポイントさえ押さえれば、簡単に作れるパンナコッタは、一度食べたら、市販のものでは満足できなくなるおいしさです。南イタリアでは、ハチミツで食べるのが定番です。

パンナコッタ

材料 （2～3人分）

生クリーム	200cc
牛乳	100cc
砂糖	15g
バニラエッセンス	3～4滴
板ゼラチン（水に戻す）	2枚
ハチミツ（またはジャム）	大さじ1

作り方

1. 鍋の中に生クリーム、牛乳、砂糖を入れて弱火にかけ、人肌になるまで温める。
2. ゼラチンを入れてキレイに溶けるようになったら火を止め、バニラエッセンスを入れて軽く混ぜる。
3. 大きめのボウルに氷水を作り、その中に型を入れて冷やす。
4. 型に2を漉しながら分け入れ、余熱が取れるまでそのまま待つ。冷めたら、型を容器から取り出し、まわりの水をふきとってラップをして冷蔵庫で2時間以上冷やす。
5. 食べる直前に、ハチミツやジャム、ソースなどをお好みでかける。

ポイント

- ひと手間ですが、一度氷水で冷やしてから冷蔵庫に入れることでとろみのある食感に固まります。
- 1で温めすぎると、生クリームが分離してしまい、固まったときに層に分かれてしまうので注意しましょう。

Panna Cotta

夏 **estate**

手軽に作れる濃厚なチョコレートプリン。
チョコレート好きにはたまらないドルチェです。

チョコプリン

材料　（4人分）

卵黄	3個
砂糖	60g
小麦粉	20g
ブラックチョコレート（細かく刻む）	40g
ココア	15g
牛乳	350cc
板ゼラチン（水で戻す）	3枚
ラム酒	大さじ1

作り方

1. 鍋に卵黄と砂糖を入れ、白くなるまで混ぜる。
2. 小麦粉を2回に分けて加え、ダマができないようによく混ぜる。ココアは軽くふりながら一気に混ぜ、さらにチョコレートを加える。
3. 温めた牛乳を2回に分けて加え、火にかけながら、とろみが出るまで混ぜ続ける。
4. 板ゼラチンを入れ混ぜる。
5. ラム酒を分け入れた型に流し入れ、冷蔵庫で4〜5時間冷やす。

ポイント

- チョコレートはココア含有量の高いもの（70%以上）を選びましょう。
- 粉ゼラチンでも作れますが、水で戻す分、味が薄まってしまいます。

Budino al Cioccolato

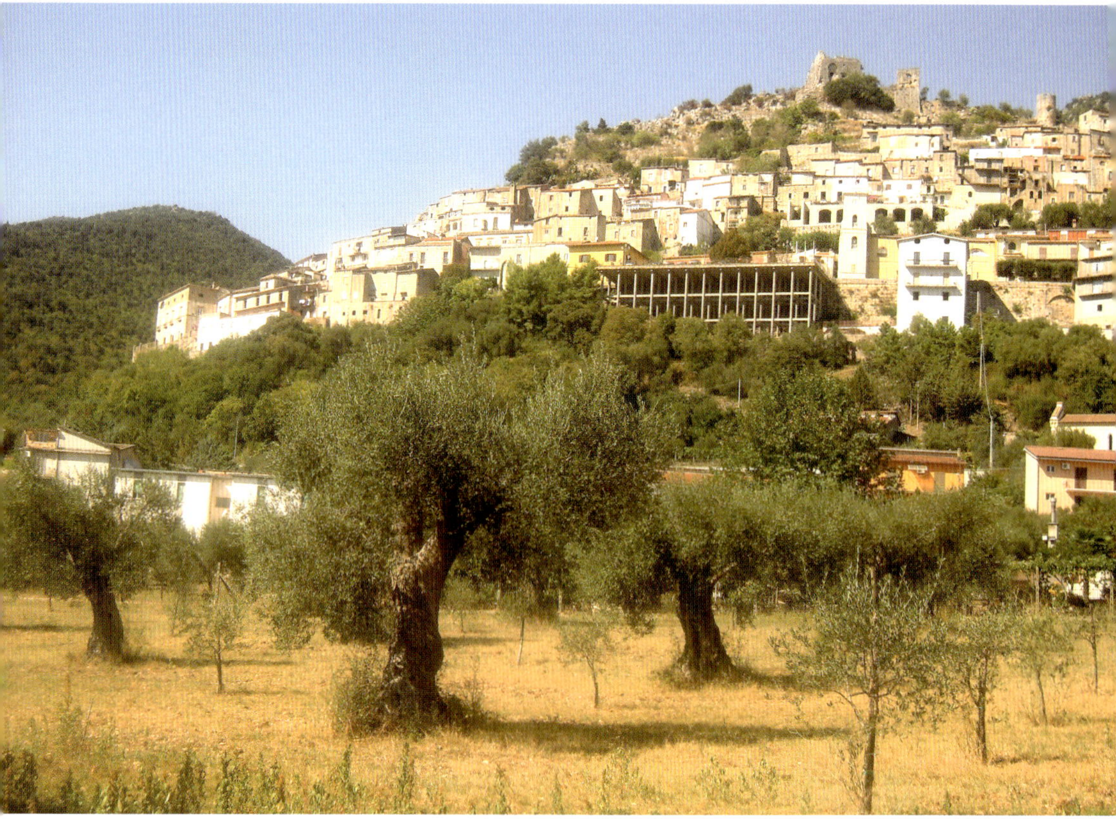

秋のレシピ

Autunno

オリーブオイル

秋はオリーブオイルづくりのシーズン。
毎年、10月末から11月上旬にオリーブの収穫を行います。

イタリア料理に欠かせないオリーブオイルは、紀元前数千年もの昔から地中海沿岸で作られてきた世界最古の油といわれています。オリーブの実を搾って抽出した"フレッシュジュース"ともいえるオリーブオイルには、強力な抗酸化パワーがあります。

その効果を担うのが、オリーブオイルにたっぷりと含まれる「オレイン酸」と「ポリフェノール」です。とくにオレイン酸は、オリーブオイルの7割以上を占める成分で、酸化されにくいのが特徴。善玉コレステロールは減らさずに悪玉コレステロールだけを減らし、動脈硬化の原因となる悪玉コレステロールの酸化も防いでくれます。

最近の研究で、オリーブオイルの消費量が多い地中海沿岸では、心臓病や動脈硬化などの成人病がほかの地域に比べて低いことがわかっています。オリーブオイルは、地中海沿岸に住む人々の健康を支えてきたといえるのかもしれませんね。

オリーブオイルの保存法
酸化を防ぐために、ステンレスの容器かまたは遮光ビンに入れて暗く、涼しいところで保存します。また、空気に触れる量を少なくするために、使う分を小さな瓶に移して、1週間〜10日くらいで使いきるのがおすすめです。

オリーブオイルの基本的な使い方
オリーブオイル大さじ1杯には、一日に必要なポリフェノールが含まれています。料理一品あたり、人数分×大さじ1の量を使うのが基本です。日本では、料理によって油を使い分ける方もいるようですが、オリーブオイルはどんな料理にも合うので、一つお気に入りのオリーブオイルを見つけてさまざまな料理に使ってみることをおすすめします。そうすることで、酸化した油の摂取を減らすことができます。

オリーブオイルの効果的な摂り方
熱に強いオリーブオイルですが、生で食べることで栄養素を損なわずに摂取することができます。イタリアでは、料理だけでなく、食べる直前にスープにかけたり、お菓子の材料として使うことも。生後4ヶ月の赤ちゃんの離乳食にも使われています。

油を変えるだけで、料理の味ががらりと変わります。実は和食との相性もぴったりなので、豆腐にオリーブオイルと塩をかけたり、みそ汁にたらしたり、煮物や炒め物で使ってみてはいかがですか？

Olio d'oliva

秋 autunno

ナスのマリネさえあれば作れる即席おもてなしメニュー。
チーズや生ハムなどお好みの具を巻いて味の発見を楽しんでみて!

ミックスグリルナス巻き

材料　(2人分)

ナスのマリネ(p32を参照)	8枚
<具>	
ミニトマト	中2個
パルミジャーノ	2片
生ハム	2枚
モッツァレラ	2片
イタリアンパセリ	1枝

作り方

1. オリーブオイル漬けのナスでお好みの具材を巻いて爪楊枝で留め、イタリアンパセリをのせる。

ポイント

- イタリアンパセリは、みじん切りにして上からかけてもよいです。

Involtini grigliati misti

秋 autunno

イタリアでは、サーモン入り生クリームが売られているほど
ポピュラーなクリームパスタ。
魚が苦手な子どもでも、きっと好きになる食べやすい味です。

サーモンソースのパスタ

材料 （2人分）

フェットチーネ(卵入り)	125g
オリーブオイル	大さじ1
バター	15g
タマネギ(薄くスライス)	1/3〜1/2個
唐辛子(半分に切って種を取る)	1本
鮭の切り身	1切れ
ローリエ	1枚
生クリーム	100cc
塩・こしょう	各少々

作り方

1 フライパンにオリーブオイルとバターを入れて弱火にかけ、唐辛子とタマネギを炒める。

2 タマネギが透明になったら、ひと口サイズにした鮭とローリエを加えて炒める。

3 パスタを茹でる。そのタイミングで、2からローリエを取り出し、生クリームを加えて煮詰める。とろみが出てきたら火を止め、塩・こしょうをする。

4 パスタが茹であがったらざるで湯を切り、鍋に戻して3のソースの半分を入れ混ぜる。パスタを皿に盛りつけ、残りのソースをかける。

ポイント

● ローリエは鮭の臭みを取る効果があります。生クリームを入れるタイミングで取り出すのを忘れないで。

Fettuccine al Salmone

秋 *autunno*

定番中の定番であるカルボナーラは、
本場ナポリでは、生クリームはほとんど使いません。
卵とパルミジャーノのソースに、炒めた香ばしいパンチェッタの風味が
存分に味わえ、とってもヘルシーなのが特徴です。

カルボナーラ

材料 （2人分）

スパゲッティ	160g
オリーブオイル	大さじ2
パンチェッタ（厚くスライス）	50g
卵黄	2個
生クリーム	大さじ1
パルミジャーノ	大さじ2〜3
塩・こしょう	各少々

作り方

1. フライパンにオリーブオイルとパンチェッタを入れて中火にかけ、パンチェッタの脂身の部分が透き通ってきたら火を止めてこしょうをする。
2. 容器の中に卵黄と生クリーム、パルミジャーノを混ぜ合わせて塩・こしょうで味を調える。
3. スパゲッティを茹でる。茹であがったらざるで湯を切り、鍋に戻す。1のフライパンを火にかけ、音がしてきたら火を止めてスパゲッティの鍋に加えて混ぜる。さらに、2のソースを加えて手早く混ぜる。

ポイント

- 卵はスパゲッティや鍋が冷めないうちに、手早く混ぜましょう。
- 本場ローマでは、パルミジャーノではなくペコリーノを使ってつくります。もし手に入ったら、試してみて。
- 生クリームがない場合は、卵白1個分を泡立てて加えても作れます。

Carbonara

秋 autunno

ほんのりピンク色の見た目にも美しい
クリームパスタは一度食べるとやみつきに。
ショートパスタによく合うソースです。

パプリカソースのパスタ

材料　(4〜5人分)

ショートパスタ(フジッリ)	320g
オリーブオイル	大さじ4
タマネギ(薄くスライス)	1個
パプリカのオーブン焼き(1cm幅にスライス)	
(p12を参照)	2個
生クリーム	200cc
塩・こしょう	各少々
松の実(塩をふって空炒り)	大さじ1

作り方

1. フライパンにオリーブオイル、タマネギを入れて弱火にかけ、透き通るまで炒める。
2. パプリカを加えてさらに炒めて塩をして火を止める。
3. パスタを茹でる。そのタイミングで、2のフライパンに生クリームを入れて火にかける。とろみが出たら火を止め、塩・こしょうをする。ソースの半量をミキサーにかけてなめらかにする。
4. パスタが茹であがったらざるで湯を切り、鍋に戻して3のソースの半分を入れ混ぜる。パスタを皿に盛りつけたら松の実をトッピングする。

ポイント

● 冷めると生クリームが固まってしまうので、熱々のうちに食べましょう！

Pasta con salsa ai Peperoni

秋 autunno

残りパスタで作ったとは思えない、子どもにも大人気のメニューです。
前の日に、わざと多めにパスタを作ってこれを作る人もいるほど。
冷めてもおいしいので、お弁当のおかずにおすすめです。

スパゲッティのオムレツ

材料 （2～3人分）

スパゲッティ（茹でたもの）	100g
トマトソース（p24を参照）	100g
オリーブオイル	大さじ2
ニンニク（厚くスライス）	1片
モッツァレラ（1cm角に切る）	1/2個（50g）
<卵液>	
卵	2～3個
パルミジャーノ	大さじ3
塩・こしょう	各少々

作り方

1. 茹でたパスタとトマトソースを和え、ハサミで短く切る。
2. ボウルに卵を溶きほぐし、パルミジャーノ、塩・こしょうを入れて卵液を作る。
3. フライパンにオリーブオイルを入れ、ニンニクを入れて熱し、香りが出てきたら取り出す。
1のパスタを強火で炒め、モッツァレラチーズを入れて溶けるまで混ぜずに待つ。
4. 卵液を流し入れ、半熟になるまで混ぜ、ふたをして弱火で4分間蒸し焼きにする。フライパンを揺らして、卵液が動かなくなったら、ひっくり返して中火で2分焼く。

ポイント

- フライパンよりも一回り小さい大きさのふたがあるとひっくり返しやすいです。
- 乾燥モッツァレラチーズで代用できます。
- パスタの形や、ソースの種類によらず、残ったパスタで作れます。

ここでふた！

Frittata di Spaghetti

秋 autunno

手間がかからずに作れる、
実りの秋のつけあわせメニュー。
コリコリとした食感がたまらない一品です。

生トマトとマイタケの炒め

材料　（4〜5人分）

オリーブオイル	大さじ4
ニンニク（厚くスライス）	2片
唐辛子（半分に切って種を取る）	1本
マイタケ（p17を参照）	4袋
トマト（皮をむき1cm角に切る・p17を参照）	中1個
ケッパー（p16を参照）	大さじ1
バジリコの葉	2〜3枚
塩・こしょう	各少々

作り方

1　フライパンにオリーブオイルとニンニク、唐辛子を入れ弱火にかける。

2　ボイルしたマイタケを加え、強火で約5〜6分炒める。

3　トマトとケッパー、バジリコの葉を入れ、塩・こしょうをし、ふたをして中火で約5分さらに炒める。

ポイント

- 塩漬けケッパーを水で戻して使う場合、塩の量は調節してください。酸味が強くなりますが、酢漬けケッパーでも代用できます。
- マイタケはアクがあるので、必ず茹でてから使いましょう。
- キノコは水分を多く含んでいるので、中火で炒めるのがおすすめ。
- マッシュルーム、しめじ、エリンギなどでも代用できます。その場合は、茹でずに使うため水分がたくさん出てくるので、強火で水分を飛ばしながら炒めるようにしてください。

ここでふた！

Funghi alla pizzaiola

ナスのグラタン（パルミジャーナ）

揚げたナスとトマトソースを重ねてつくるグラタン。
ナスの代わりにズッキーニを使ってもおいしくできます。

材料 （4〜5人分）

米ナス（スライスする。切り方は、p13を参照）	2〜3本
小麦粉	大さじ2〜3
サラダオイル	200cc
パルミジャーノ	大さじ2〜3
モッツァレラ（1cm角に切る）	1個（100g）
バジリコの葉	4枚
トマトソース（p24を参照）	400cc
塩	少々

作り方

1. スライスしたナスに小麦粉をまぶす。
2. フライパンにサラダオイルを入れて熱し、ナスが重ならないように入れて揚げる。ナスの両面がキツネ色になったら、ペーパータオルをのせたお皿の上に並べて塩をする。皿がいっぱいになったら、ナスの上にペーパータオルをのせ、その上にさらに重ねていく（ナスが揚げ終わるまで）。
3. 耐熱容器（10cm×20cm）にトマトソースを薄くしいて、揚げたナスを少し重なるくらいに隙間なく並べる。その上に、トマトソースをうすくのせ、モッツァレラを全体に散らし、パルミジャーノをふる。その上に、揚げたナス、トマトソース……の順に、材料がなくなるまで重ねていき、最後にトマトソースをかけ、パルミジャーノをふる。
4. アルミホイルでふたをしっかりして、180℃のオーブンで20分ほど焼く。アルミホイルをはずして、焼き色がつくまでさらに10分ほど焼く。

ポイント

- ナスの小麦粉は、揚げる直前につける。余分な小麦粉はたたいてしっかり落とす。
- 耐熱容器に具材を重ねるときには、空気が入らないようにしっかり押しながらのせていく。
- ナスを揚げるときには、片面がキツネ色になったらひっくり返すこと。早めにひっくり返すと、ナスが余分な油を吸ってしまうので、脂っぽく仕上がってしまいますので注意。

Parmigiana

秋 autunno

シンプルなのに、食べごたえ抜群の一品。
ブロッコリーとは思えない高級な味に仕上がるので、
ブロッコリーが苦手な方こそぜひ試して欲しいメニューです。

サルシッチャとブロッコリーの白ワイン煮込み

材料　（4〜5人分）

オリーブオイル	大さじ4
ニンニク（厚くスライス）	1片
唐辛子（半分に切って種を取る）	1本
ブロッコリー（小房に切る）	1個
サルシッチャ（生ソーセージ）	4本
白ワイン	100cc
塩・こしょう	各少々

作り方

1. フライパンにオリーブオイルとニンニク、唐辛子を入れて弱火にかけ、香りを出す。
2. 1に小房に分けたブロッコリーを入れて2〜3分炒める。
3. サルシチャを加え、塩・こしょうで味を調えたら強火にして白ワインを加える。アルコールが飛んだら弱火にして、ふたをして約12〜13分煮込む。

ポイント

● サルシッチャは、生ソーセージを使うのがオススメ。ソーセージはプレーンだけでなく、こしょう、レモン、バジリコ…などに変えると、また違った味が楽しめます。

ここでふた！

Salsiccia con i broccoli

秋 autunno

材料もシンプルで、簡単に作れますが、
ビールで煮込むことで高級な味に仕上がる一品。

鶏肉のビール煮

材料 （4〜5人分）

オリーブオイル	大さじ2
タマネギ（薄くスライス）	1/2個
骨付き鶏もも肉（p15を参照）	2〜3本
手羽元	4〜5本
ビール	1缶(350cc)
野菜スープ（p26を参照）	1カップ
塩・こしょう	各少々

作り方

1. フライパンにオリーブオイルを入れ、弱火でタマネギを炒める。
2. タマネギが透き通ったら鶏もも肉を入れ、表面に焼き色をつける。
3. ビールを入れて強火にする。アルコールが飛んだら、野菜スープ、塩・こしょうを入れ、ふたをして弱火で約15分間煮込む。
4. 15分たったら、ふたをはずして煮詰める。

ポイント

- 手羽元でも作れますが、骨付き鶏もも肉の方がやわらかく仕上がりおいしくできます。
- ビールは麦芽比率の高いものは避けます。発泡酒はどれでもおいしく作れます。

ここでふた！

Pollo alla Birra

秋 autunno

生ハム、パルミジャーノなどの味が複雑に絡み合った高級な味で、
子どもも大人も大好きなメニューです。
しょうゆをかければ、白ご飯との相性もぴったりです！

牛肉のキノコ巻き

材料 （4〜5人分）

牛肉（しゃぶしゃぶ用）	8〜10枚
オリーブオイル	大さじ3
ニンニク（厚くスライス）	1片
マッシュルーム（3mm厚にスライス）	1パック
塩・こしょう	各少々
生ハム（1cm角にスライス）	50g
イタリアンパセリ（みじん切り）	大さじ2
パルミジャーノ	大さじ2
白ワイン	50cc

作り方

1 フライパンにオリーブオイルとニンニクを入れて弱火にかけ、香りが出て来たらマッシュルームを入れて強火で炒める。しんなりしたら、塩・こしょうで味を調え、水分がなくなるまでしっかり炒めて、ボウルに移して冷ます。

2 1に、生ハム、イタリアンパセリ、パルミジャーノを混ぜる。

3 牛肉を広げ、2の具をのせてなるべく空気が入らないように巻いていく。

4 3の牛肉を巻き終わりを下にしてフライパンに並べて強火で焼く。表面に色がついてきたら、ひっくり返し、塩・こしょうをする。白ワインを入れて強火にし、アルコールが飛んだら、ふたをして中火で5分程蒸し焼きする。

ポイント

- もしあれば、アーティチョークを刻んできのこと一緒に炒めるとおいしいです。
- エリンギ、ポルチーニを入れてもおいしいです。
- 多めに作って焼く前の状態で冷凍保存もできるので、作り置きしておくと急な来客時にも大活躍します。
- 牛肉は一枚が大きめのものを選ぶのが、上手に巻くポイントです。
- 牛肉は巻き終わりを下にして焼くことでしぜんにくっつくので、爪楊枝などで止めなくても崩れずに焼くことができます。

ここでふた！

Involtini ai funghi

秋 autunno

カリカリのジャガイモとふっくら焼き上がった魚のコントラストが楽しめるメニューです。

黒鯛とジャガイモのオーブン焼き

材料 （2人分）

(a)ジャガイモ（皮をむいて千切り）	2〜3個
オリーブオイル	大さじ2
ニンニク（厚くスライス）	1片
塩・こしょう	各少々
黒鯛（またはスズキ、金目鯛）	片身
塩・こしょう	各少々
イタリアンパセリ（みじん切り）	大さじ2
オリーブオイル	大さじ2

作り方

1. 容器に(a)の材料をすべて入れて混ぜる。
2. 魚は二つに切り分け、皮に切れ目を入れる。
3. 耐熱容器の底に1をしく。その上に魚の切り身を皮を上にしてのせる。
4. オリーブオイル、塩・こしょうをして、イタリアンパセリを全体に散らす。
5. アルミホイルでしっかりとふたをし、オーブンに入れ、180℃で約20分くらい焼く。
6. 20分たったらアルミホイルをはずして様子をみながら、ジャガイモがカリっとするまで焼く。

ポイント

- ジャガイモはおいしいですが、増やしすぎると焼き上がりがカリカリにならないので注意。
- 皮つきの魚を使うことで、水分の蒸発をふせいでくれます。

Orata con patate

秋 autunno

カフェラテやカプチーノとよく合うので、
イタリアでは、朝食によく出てくるドルチェです。おやつにもぴったり！

リコッタチーズとチョコレートのケーキ

材料　（パウンド型 7x18cm）

リコッタチーズ（p38を参照）	100g
砂糖	60g
黄身	1個分
バニラエッセンス	2〜3滴
小麦粉	65g
ベーキングパウダー	4g
レモンの皮（p14を参照）	1/2個
卵白（メレンゲにする）	1個分
ブラックチョコレート（1cm角に刻む）	30g
ココア	小さじ1
粉砂糖	小さじ1

作り方

1. ボウルにリコッタチーズ、砂糖、黄身、バニラエッセンスを入れて混ぜる。
2. 1に小麦粉を2回に分けて加え、ベーキングパウダー、レモンの皮を入れる。最後に、メレンゲを加えて泡がつぶれないようにやさしく混ぜる。
3. 2にブラックチョコレートを入れ、ゴムべらでやさしく混ぜ、焼き型に入れる。
4. 170℃に予熱したオーブンで40分焼く。焼けたらオーブンから取り出し、冷めてから上にココアパウダーと粉砂糖をふりかける。

ポイント

- ジャンドゥイヨッティというイタリアのチョコレートを使うのがベストですが、板チョコレートでも代用できます。
- 冷蔵庫に入れると固くなってしまうので、常温で保存します。4〜5日間はもちます。

Torta di ricotta e cioccolato

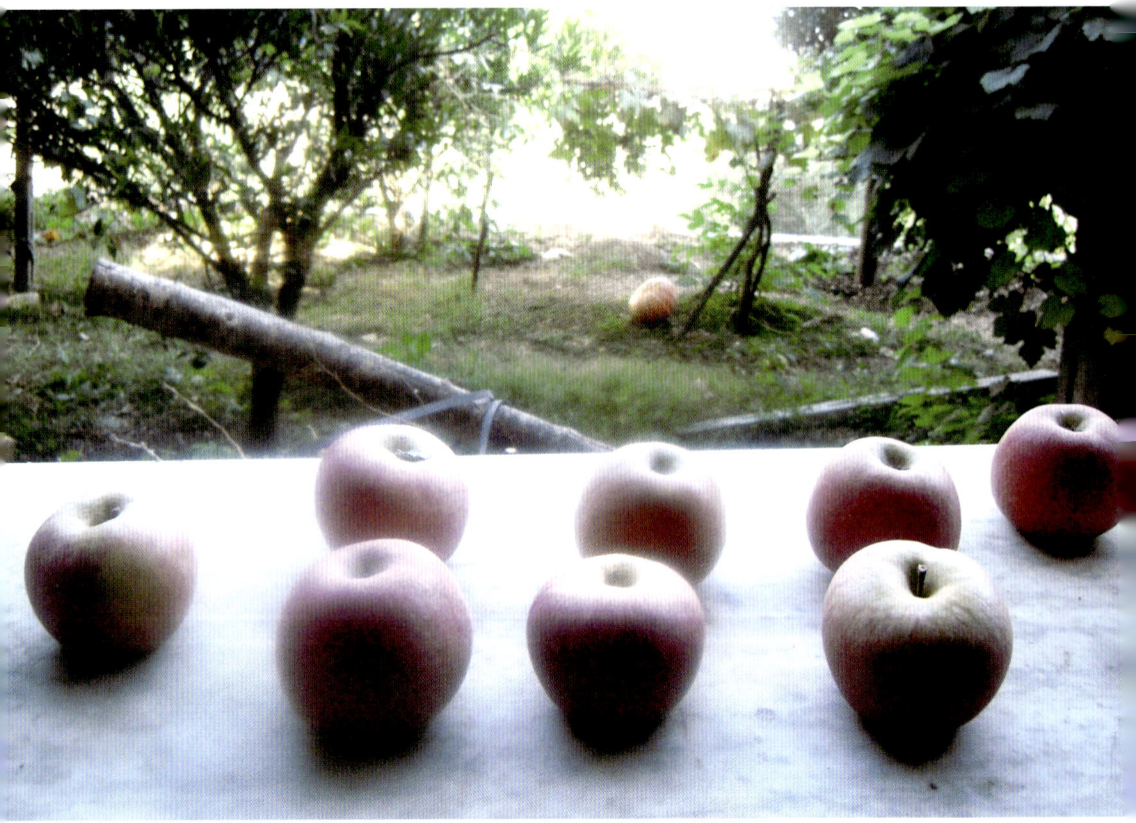

冬のレシピ

Inverno

パスタ

パスタはイタリア語でペースト（生地）という意味で、小麦粉を水で練って作ったものの総称です。トマトソースの普及とともに、16世紀頃、カンパーニャ州グラニャーノという街を中心に生産が始まりました。最盛期には100軒以上のパスタメーカーが軒をつらね、その競争原理から想像力を駆使したさまざまなデザインのパスタが誕生しました。現在は、600種類以上ものパスタがあるといわれていて、その品質は法律によって厳しく定められています。

イタリアの家庭では、パスタは「食卓の女王様」といわれていて、日々の食卓にはなくてはならないもの。常時、数十種類の乾燥パスタをストックしていて、その日のソースや気分に合わせて使い分けます。パスタを変えるだけで、食卓の雰囲気ががらりと変わりますし、目でも楽しむことができます。

ショートパスタ
（ペンネ、フジリ、マカロニ、ファルファッレ、コンキリエ（シェルマカロニ）、オレッキエッテ、ジッリなど）
日本では、ロングパスタが主流ですが、イタリアではショートパスタを食べることがほとんど。具入りのソースに絡めて、具とパスタをフォークでさして食べます。夏は、さっぱりとしたソースが多いので、つるつるとした涼しい食感が楽しめる表面に溝のないペンネやマカロニがおすすめ。一方、冬はとろみのあるソースが多いので、ソースの絡みがよい溝ありのペンネ、コンキリエや、螺旋状の形をしたフジリを合わせます。

ロングパスタ
（スパゲッティ、リングイネ、ブカティーニ、キタッラなど）
カルボナーラ（p110を参照）やプッタネスカ（p142を参照）、ペペロンチーノ（p82を参照）、アマトリチャーナ（p138を参照）、イカ墨のパスタなど、具がゴロゴロしていないソースに合わせます。食べ方に厳しいマナーがあるので、初デートでは食べてはいけないという習慣があります（笑）。

卵入りのパスタ
（フェットチーネ〈p108を参照〉、タリアテッレ、パッパルデッレなど）
卵入りパスタは、週末や来客時、誕生日のときなどいつもより贅沢したいときに使います。トマトソースや生クリームソースとの相性も抜群。アルデンテを気にせず、もっちりとした食感を楽しみます。1人分の量は65gが適量です。

パスタが余ったら、翌日オムレツにしたり（p114を参照）、オーブンで軽く焼いてグラタンにすれば、また違った料理に変身させて楽しむことができます。

パスタのおいしい茹で方は、p18を参照してください。

Pasta

冬 inverno

イタリアでは、クリスマス料理に登場するタコのサラダ。
日本では、一年中タコが手に入るので、
「もう一品欲しいな」というときに簡単に作れておすすめです。

タコのサラダ

材料 （4～5人分）

タコ（刺身用・ひと口大に切る）	400g
ジャガイモ	4個（400g）
ニンニク（厚くスライス）	1～2片
松の実（塩で空炒りする）	大さじ1

＜フレンチドレッシング＞
レモン汁	大さじ1～2
オリーブオイル	大さじ4
塩・こしょう	各少々
イタリアンパセリ（みじん切り）	大さじ1

作り方

1 じゃがいもは塩水で硬めに茹で、一口大に切る。
2 レモン、オリーブオイル、塩・こしょう、イタリアンパセリを混ぜてフレンチドレッシングを作る。
3 1と2とニンニクを混ぜて、1時間以上冷蔵庫に入れて味をなじませる。
4 お皿に盛りつけたら、から炒りした松の実を上に添える。

ポイント

● 松の実は、ひとつまみの塩を入れて炒る。
● ジャガイモはキタアカリのような黄色いタイプ、またはメークインを使うとおいしいです。

Insalata di polpo

冬 *inverno*

本場イタリアの「ミネストローネ」は、10種類近い野菜を水でことこと煮込んでうまみを凝縮させたやさしい味が特徴。たくさんの量で作れば作るほどおいしく仕上がります。

ミネストローネ

材料　(4～5人分)

(a)ニンジン	2本
ズッキーニ	2本
インゲン(またはアスパラ)	1袋
じゃがいも	3個
トマト	1個
(b)セロリ	1/2本
タマネギ	1/2個
バジリコの葉	大さじ1
イタリアンパセリ	大さじ1
ニンニク	2片
グリーンピース	80g
塩・こしょう	各少々
水	1200cc
オリーブオイル	大さじ4

ポイント

- 野菜は何を入れてもOKですが、10種類くらい入れるとおいしく仕上がります。ニンニク、セロリ、タマネギは必ず入れるようにしましょう。
- オリーブオイルの分量は、大さじ(人数分+1)杯が目安です。
- 塩の代わりに、野菜スープのもと(p26を参照)を入れるとさらにおいしく仕上がります。

作り方

1. (a)をすべて1cm角に、(b)はみじん切りする。
2. 大きめの鍋に1と残りの材料と半量のオリーブオイルを入れる。
3. 水1000ccに対し、塩5gを入れて鍋を中火にかける。沸騰したら弱火にしてふたを閉め、約50分煮込む。
4. 皿に盛りつけ、食べる直前に残りのオリーブオイルをかける。

Minestrone

冬 inverno

材料はシンプルですが、パンチェッタを白ワインで煮込むことで
うまみがたっぷり引き出された、深い味わいが楽しめるのパスタです。

アマトリチャーナ

材料 （2〜3人分）

スパゲッティ（ブカティーニ）	160g
オリーブオイル	大さじ2
タマネギ	1/2個
パンチェッタ	40g
唐辛子	1本
白ワイン	50cc
トマト （p17を参照）	中3個
ペコリーノチーズ	20g
塩・こしょう	各少々

作り方

1. フライパンにオリーブオイルを入れ、タマネギを炒める。
2. タマネギが透き通ったら、パンチェッタと唐辛子を入れる。パンチェッタの脂身の部分が透明になったら白ワインを入れて強火にし、アルコールが飛んだら弱火にして2〜3分煮込む。トマトを入れてさらに15分煮込む。
3. スパゲッティを茹でて、茹で上がったら湯を切り、2のソースと和える。
4. 半量のペコリーノチーズを入れて塩・こしょうで味を調える。皿に盛りつけて、残りのペコリーノチーズを振る。

ポイント

- トマトの代わりにトマト水煮缶でも代用できます。その際には、最低40分は煮込んでください。

ここでふた！

Spaghetti all'amatriciana

冬 inverno

プチミートボールとトマトソースのパスタを同時に味わえる贅沢な一品。
イタリアの子どもたちにも大人気のメニューです。

ミートボールのスパゲッティ

材料 （4〜5人分）

スパゲッティ	320g
(a)オリーブオイル	大さじ4
タマネギ（薄くスライス）	1/2個
ニンニク（厚くスライス）	1片
唐辛子（半分に切って種を取る）	1本
トマト水煮缶	1缶
水	200cc
塩・こしょう	各少々
(b)ひき肉	250g
ニンニク（すりおろす、またはみじん切り）	2片
パン粉	大さじ2
卵	1個
イタリアンパセリ（みじん切り）	大さじ1
塩・こしょう	各少々
パルミジャーノ	大さじ2

作り方

1 フライパンにオリーブオイルとニンニク、唐辛子、タマネギを入れて弱火にかけ炒める。タマネギが透き通ったら、トマト水煮缶と水を入れ、塩・こしょうをして、中火にして沸騰させる。

2 (b)と塩・こしょう各少々をすべてボウルに入れて手で捏ねる。まとまったら、2〜3cm大のミートボールに丸める。

3 1が沸騰したら、2で作ったミートボールを入れて一緒に煮込む。20分くらいしたら塩・こしょうをし、ふたをしてさらに20分程煮込む。

4 パスタを茹でる。パスタが茹であがったらざるで湯を切り、鍋に戻してソースの半分を入れ混ぜる。パスタを皿に盛りつけたら残りのソースの半分とミートボールをのせる。好みでパルミジャーノを振る。

ポイント

- 煮込み途中でふたをするのは、肉の乾燥を防ぎ、中までしっかり火を通すため。
- ミートボールを生のまま入れて煮込むことで、肉汁がソースにしみ出し、ミートボールもやわらかく仕上がっておいしくなります。

ここでふた！

Spaghetti alle Polpettine

冬 inverno

トマトソースのストックがないときに、トマト水煮缶を使って15分でできるお手軽パスタ。
トマトの酸味を強調したソースが決め手です。

プッタネスカ（娼婦風スパゲッティ）

材料 （4〜5人分）

スパゲッティ	320g
オリーブオイル	大さじ4
ニンニク(厚くスライス)	1〜2片
唐辛子(半分に切って種を取る)	1本
ブラックオリーブ(薄くスライス)	10個
アンチョビ	2、3枚
トマト水煮缶	1缶
水	200cc
ケッパー	大さじ1
オレガノ(ドライ)	小さじ1
塩・こしょう	各少々
イタリアンパセリ(みじん切り)	大さじ1

作り方

1 フライパンにオリーブオイルとニンニク、唐辛子を入れて弱火にかける。ニンニクが透き通ったら一度火を止めて冷ましてから、アンチョビとブラックオリーブを入れる。

2 1にトマト水煮缶と水を入れ、強火で沸騰したら中火にしてケッパー、オレガノ、塩・こしょうで味を調えて15分程煮込む。半量を取り分けておく。

3 パスタを茹でる。

4 パスタが茹であがったらざるで湯を切り、2のフライパンに加え、ソースをからめる。パスタを皿に盛り合わせたら取り分けておいたソースをかける。

ポイント

● イタリア料理でよく見る「娼婦風」というのは、すぐにできて簡単という意味なんですよ（笑）。

Spaghetti alla Puttanesca

冬 **inverno**

冬野菜のカリフラワーをまるごと1個味わえるグラタン。
振りかけるチーズを変えることで、毎回違った味が楽しめます。

カリフラーワのグラタン

材料 （4〜5人分）

カリフラーワ（小房にさく）	1個
ホワイトソース（p30を参照）	250cc
ペコリーノチーズ（削る）	大さじ2
セージ	4〜5枚
パン粉	大さじ2
塩・こしょう	各少々

作り方

1. カリフラーワを塩水で約3分硬めに茹でる。
2. 耐熱容器にホワイトソースの半量をしき、カリフラワーをのせる。
3. 残りのホワイトソースを入れ、ペコリーノチーズ・塩・こしょうを全体にかける。
4. ちぎったセージとパン粉をのせ、180℃のオーブンで焼き色がつくまで約20分焼く。

ポイント

- ペコリーノチーズがない場合は、パルミジャーノを増やすか、ゴルゴンゾーラでも代用できます。
- オーブンは中段で、アルミホイルをしないで焼きます。

Cavolfiore gratinato

冬 **inverno**

ナポリでよく作られている野菜のお惣菜。
簡単で手早くできるので、もう一品欲しい
ときに重宝するメニューです。
パスタに和えていただいても美味。

ナスの炒めもの

材料 （4～5人分）

オリーブオイル	大さじ4
ニンニク（厚くスライス）	1片
ナス（1cm角に切る）	
（p13を参照）	5本
ケッパー（p16を参照）	大さじ1
塩・こしょう	各少々
トマト（1cm角に切る）	中1個
バジリコの葉	4～5枚

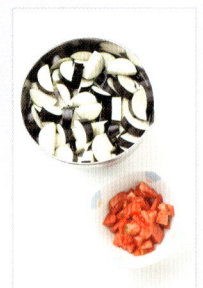

作り方

1 フライパンにオリーブオイル、ニンニクを入れ弱火にかける。ニンニクの香りが出てきたら一旦火を止める。ざるにあげて水を切ったナスを入れて中火にかける。全体的に油がまわったら、弱火にして約20分炒める。

2 ケッパー、トマト、バジリコの葉を入れて塩・こしょうをし、弱火で約10分炒める。

ポイント

● ナスは水にしっかりさらすと油を吸いにくくなるため、少量の油で炒めることができます。

Melanzane a Funghetto

inverno

鶏肉を使って手軽に作れるチキンのカツレツ。脂が少ないむね肉、またはささみを使うのがポイントです。

チキンのカツレツ

材料 （2人分）

鶏むね肉（1cm厚に切る・p14を参照）	1枚
小麦粉	大さじ1
卵	1個
パン粉	大さじ3〜4
オリーブオイル	大さじ4〜
塩・こしょう	各少々

作り方

1. 器に卵を溶きほぐして、塩・こしょうでしっかり味のついた卵液をつくる。
2. パン粉はビニール袋に入れて、袋の上から綿棒でのして細かくする。
3. 肉に小麦粉、卵液、パン粉の順に衣をつけ、手で軽く押さえる。
4. フライパンにオリーブオイルを入れて火にかけ、カラッと揚げる。

ポイント

- パン粉を細かくすることによって、衣が薄くなり、油を吸わないので、ヘルシーなカツレツができあがります。
- よけいな小麦粉はたたいてしっかり落としましょう。卵液、パン粉をつけるときには、フォークを上手く使うと手が汚れずに作れます。
- グリーンサラダを添え、食べる直前にレモン汁をかけるとさらにおいしくいただけます。

Cotolette di pollo

冬 inverno

表面にパルミジャーノをまぶして焼くイタリアンハンバーグ。
ケチャップやソースをつけずに、そのまま食べるのがイタリア流。

イタリアンハンバーグ

材料 （4～5人分）

食パン（5mm角に切る・または生パン粉）	50g
牛乳	大さじ3
ひき肉	400g
卵	1個
イタリアンパセリ（みじん切り）	大さじ1
パン粉	大さじ3
ニンニク（みじん切り）	1片
塩・こしょう	各少々
パルミジャーノ	大さじ3～
オリーブオイル	大さじ3
パプリカ（赤大・1cm幅にスライス）	2個
タマネギ（薄くスライス）	1/2個

作り方

1. 食パンに牛乳をかけてしっとりさせておく。ひき肉、卵、イタリアンパセリ、パン粉、ニンニク、塩・こしょうをボウルに入れて軽く捏ね、具材が混ざったら牛乳を浸した食パンを入れてさらに捏ねる。

2. 手にオリーブオイルをつけて、直径3～4cmの大きさに成形し、表面にパルミジャーノをまぶして叩き込む。

3. フライパンにオリーブオイルを入れて熱し、中弱火で両面を焼いて焼き色がついたら一度取り出す。

4. ハンバーグを焼いたフライパンにパプリカを入れて弱火で炒める。しんなりしてきたら、タマネギを入れてさらに炒める。最後に、ハンバーグをフライパンに戻し、ふたをして約10分間蒸し焼きにする。

ポイント

- **2**でパルミジャーノをまぶすときは、手のひらでしっかりと押し込んで、余分なパルミジャーノはたたき落とすこと。
- ハンバーグは、最後にもう一度フライパンに戻すことを考えて、**3**では半生の状態で取り出します。
- 冷めてもおいしいので、サンドイッチの具にも向いています。

ここでふた！

Polpettine ai Peperoni Rossi

inverno

マルサラ酒を使って作る肉の蒸し焼き料理。
肉はたたいて薄くのばすことによってやわらかく仕上がるので、
ひと手間ですが、厚めの肉を買って試してみてください。

野菜とマルサラ風味のスカロッピーネ

材料 （4～5人分）

オリーブオイル	大さじ1
バター	30g
ニンニク（厚くスライス）	1片
豚肉（ひと口カツ用）	4～6枚
小麦粉	大さじ1～2
ジャガイモ（1cm厚に切る）	2個
ニンジン（1cm厚に切る）	1本
ズッキーニ（1cm厚に切る）	1本
セージ	1枝
塩・こしょう	各少々
マルサラ酒	50cc

作り方

1. 鍋に塩水を沸騰させ、ニンジン、ズッキーニ、ジャガイモをそれぞれ順に3～4分茹でる。
2. 肉は倍の大きさになるまでたたき、小麦粉をまぶす。
3. フライパンにオリーブオイルとバター、ニンニクを入れて弱火にかけ、ニンニクの香りが出てきたら2の肉を入れて焼き、火が通ったら一度火を止める。
4. 3に1のゆで野菜を入れる。さらに、セージを入れ、塩・こしょうで味を調えたら、強火にしてマルサラ酒を入れる。アルコールが飛んだらふたをして弱火にして約10分煮込む。

ポイント

- 豚肉はロース、もも肉、ヒレ肉どれを使ってもおいしくできます。
- 野菜は別々に茹でることによって、短い時間でゆであがり、それぞれの味を引き出してくれます。
- 蒸し野菜でもおいしく仕上がります。その場合は、10分ずつ蒸します。
- マルサラ酒がない場合は、ベルモットや甘い白ワインでもおいしくできます。

ここでふた！

Scaloppine al marsala con verdure

冬 *inverno*

南イタリアのクリスマスの食卓に欠かせない鱈を使った一品。
来客時に下準備さえしておけば、あとはオーブンで焼くだけでOKのお手軽な料理です。

鱈とジャガイモのオーブン焼き

材料　(2〜3人分)

鱈(1切れを4等分に切る)	2切れ
ジャガイモ(2cm角に切る)	2個
水	50cc
食パン(2cm角に切る)	50g(8枚切りを1枚)
イタリアンパセリ(みじん切り)	大さじ1
(a) オリーブオイル	大さじ3
オレガノ	適量
ニンニク(厚くスライス)	1〜2片
塩・こしょう	各少々

作り方

1. ボウルにジャガイモを入れ、(a)の半量ずつを加えて下味を付け、耐熱容器に重ならないように並べる。
2. 1のボウルに鱈を入れ、(a)の残りを入れて下味を付け、ジャガイモの上に重ならないように並べる。
3. 水を入れ、食パンとイタリアンパセリを上に散らし、アルミホイルをかぶせて180℃のオーブンで約40分焼く。
4. 40分たったらアルミホイルを取り、食パンに焼き色がつくまでさらに約10分焼く。

ポイント

- 4で食パンがこげやすいので注意しましょう。
- ジャガイモと鱈を別々に味付けするのは、ジャガイモへの火の通りを良くするために耐熱容器の下に並べたいから。その上に鱈をのせることで、鱈から出ただしがジャガイモにしみこみしっかりと味がつきます。
- アルミホイルは隙間ができないように必ずかけ、しっかりと蒸し焼きすることで火の通りがよくなります。
- ジャガイモは、メークインやキタアカリを使うのがオススメです。

Baccala con Patate al forno

冬 inverno

サクサクの食感があとをひくビスケット。
ハート形にまとめて焼けば、バレンタインにも大活躍!

チョコレートとアーモンドのビスケット

材料 (約32個分)

小麦粉	220g
バター(薄くスライスして常温に戻す)	140g
ココア	30g
砂糖	80g
卵黄	2個分
バニラエッセンス	3〜4滴
塩	1つまみ
ダイスアーモンド	30g

作り方

1 ボウルに、小麦粉とバターを入れて、手でバターと粉がサラサラになるまですり混ぜる。ココアと砂糖を加え、さらに混ぜる。

2 黄身、バニラエッセンス、塩を入れ、手のひらで力を加えながら手早くひとつにまとめる。

3 生地を少し平らにして、ダイスアーモンドを散らし、約20cmの棒状にまとめる。ラップをして、冷蔵庫で1時間以上寝かせる。

4 焼く直前に冷蔵庫から取り出し、1cm幅にスライスして、オーブンシートの上に並べる。170℃に予熱したオーブンに入れ、15〜20分焼く。

ポイント

● バターは常温に戻すと簡単にそぼろ状にすることができます。手の温度が高めの人は、スケッパーを使ってまとめましょう。
● 生地を手早くまとめることで、サクサクの食感になります。
● オーブンシートに並べる時は、少し膨らむので、間をあけて並べます。
● 急いでいるときは、冷蔵庫ではなく、冷凍庫に入れて15分休ませてもOKです。
● 4の状態で冷凍保存ができます。その場合は、焼きたい日の前日の夜に、冷蔵庫に移して解凍しておきましょう。

Biscottini al cioccolato e mandorle

おわりに

　この本でご紹介したイタリアの食文化や知恵は、南イタリアのプレセンツァーノにあるヴァッローネ家に伝わるものです。イタリア国内でも地域によって文化の違いがあり、すべてのイタリア人が共有するものではありませんが、一部の地方に残るイタリア食文化の素晴らしさを、レシピとともに一冊にまとめてご紹介できたことを、大変うれしく思っています。

　この本を制作するにあたり、料理教室の生徒のみなさんには多大なご協力をいただきました。料理教室の中でネタのヒントを下さったみなさん、撮影用のお皿を貸してくださったみなさん、掲載するレシピ選びの相談にのってくださったみなさん、本当にありがとうございました。この本は、私の大切な生徒のみなさんの声を集めた一冊になっているので、復習として、ぜひ手にしていただけるとうれしいです。

　そして、プレセンツァーノにいる私の家族の協力なしではなし得ませんでした。素晴らしい家庭料理の味を教えてくれたマンマ、おいしいオリーブオイルを提供してくれたパパ、レシピのアドバイスをしてくれた姉と妹、そして得意料理や秘密のレシピをこっそり教えてくださった近所のおばさまたちに、深く感謝しています。

　この本は、あくまでイタリア料理の入門編でしかありません。私が現在料理教室でお伝えしているレパートリーは300品以上！　そのうち、もっとも簡単で手軽に作れるレシピ50品しかご紹介していないのですから！　また機会があれば、パーティでのおもてなし料理や少し手のこんだ家庭料理などもご紹介していきたいと思っています。

　とくに、イタリアの離乳食に関する本を近々出せるとよいなと思っています。イタリアは、他のヨーロッパ諸国に比べてアトピーやアレルギーにかかる子どもが少なく、それは乳児のときに与える離乳食に起因しているということが最近の研究でわかってきています。小さい頃から正しい食生活をし、味覚をきちんと育てることの大切さを、イタリア流離乳食を通じて日本のみなさんにも伝えていけたらと思っています。

　この本をきっかけに、イタリア料理が身近になった、家でも気軽にイタリア料理を作るようになったという方が一人でも増えることを願って！

Grazie a tutti e alla prossima volta. Ciao!
（どうもありがとう、またお会いしましょう！　チャオ！）

アドリアーナ・ヴァッローネ

この本感想やレシピについての質問、料理教室に興味を持たれた方は
下記のホームページよりお問合せください。
La mia Italia イタリア家庭料理教室
http://lamiaitalia.jp/

●Special Thanks（制作協力）
撮影：川上 陽子 http://www.greedypiggies.com/
　　　福島 拓朗（ポートレート）
編集・ライター：小野 梨奈 http://www.onolina.com/
　　　　　　　　内田宏壽（東京書籍）
デザイン：Daniele Greco
料理アシスタント：田口 万里子　大澤 詩穂子　Marthus えみ
野口 あつこ
レシピ選び：イタリアの家族・友人
撮影用備品貸し出し：La mia Italiaの生徒のみなさん
編集協力：長谷川理

●Ringraziamenti
Un grazie particolare alle mie sorelle Rosaria e Katia, il cui costante contributo ha consentito la riuscita di questo libro, e di quella che è la mia vita in Giappone. Agli studenti de "La mia Italia" e ai miei amici Rossana, Sonia, Marina, Annalaura e Antonio che mi hanno supportato e sopportato in questa impresa.

南イタリア　季節のレシピ
2012年9月14日　第1刷発行

著　者　　アドリアーナ・ヴァッローネ
発行者　　川畑慈範
発行所　　東京書籍株式会社
　　　　　東京都北区堀船2-17-1　〒114-8524
　　　　　電話　03-5390-7531（営業）
　　　　　　　　03-5390-7534（編集）
印刷・製本　株式会社リーブルテック

ISBN978-4-487-80750-5 C2076
Copyright ©2012 by Adriana Vallone
All rights reserved. Printed in Japan
乱丁・落丁の際はお取り替えさせていただきます。
定価はカバーに表示してあります。

東京書籍ホームページ　http://www.tokyo-shoseki.co.jp